ちょっと死について考えてみたら怖くなかった

村田ますみ

ブックダム

メメント・モリ――死を忘れるな。
どんな人生にも必ず終わりがやってくる。

東京の下町に、突如現れた、一風変わったバー。
店の看板には、「終活スナックめめんともり」と書かれている。
スナックといえば、カラオケ。
しかし、この店にはカラオケがないらしい。
店内には棺桶が置いてあり、
来店客は入棺体験ができるようだ。

カラオケないけど
カンオケあります

店に一歩足を踏み入れると
カウンターに座っている複数の男女が談笑している。
どんな話をしているのか、耳を傾けてみると
どうやら、お墓の話で盛り上がっている。
「うちのお墓、もうこの先、守る人がいないんだよね」
「樹木葬って、最近よく聞くけど、どんな感じ？」
「私はもうぜったい散骨って決めてるよ」

テーブル席にいる人たちは、それぞれ付箋に何か書いている。

「最後にＴＫＧ食べたい」

「私はＰＰＫがいいな」

ＴＫＧは、卵かけご飯。

しかし、ＰＰＫとは？

あぁ、ピンピンコロリのことか。

「でもさぁ、突然コロリと死んじゃうと、
遺された家族が大変よ！」

「やっぱり余命宣告を受けて、
ちゃんと準備してから逝くのがよくない？」

この店に来る人たちは、
死について話をしているのに、なんだか楽しそう。
それは、死ぬことと、生きることが、
地続きでつながっているから。
つまり、「どう死ぬか？」について語ることは
「どう生きるか？」について語ることだから。

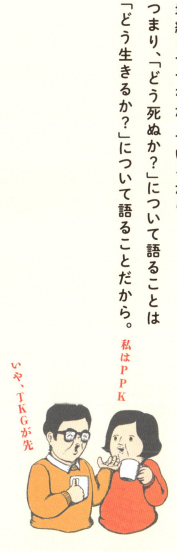

とはいえ、やっぱり
命の終わりについて考えるのは、
ちょっと重いし、
ちょっと怖い。
そう考える人も多いはず。

この本は、そんな風に
死ぬことから目をそらしている人に向けて
ちょっと死について考えてみない？と
背中を押すつもりで書きました。
めめんともりでの日常を
より多くの人と分かち合いたいです。

本書を通して
「やりたいと思っていたことを思い出した」

「親に連絡してみようかな」

「兄弟でこれからのことを話してみよう」

「遺言書を書こうかな」

など、少しでも行動する人がいればうれしいです。

どうか、肩肘張らずにページをめくってください。
めめんともりで人気の
ちょっと珍しいクラフトジンのソーダ割りでも
飲んでいるつもりで、気軽に、でも自分ごととして
考えながら読み進めていただければと思います。

終活スナックめめんともりオーナー　村田ますみ

ようこそ、
めめんともりへ。
そんなに怖くないから、
勇気をもって
扉を開けてみてね。

路地を入ったところにある隠れ家っぽいお店です

100人いれば
100通りの
「いきかた」があります。

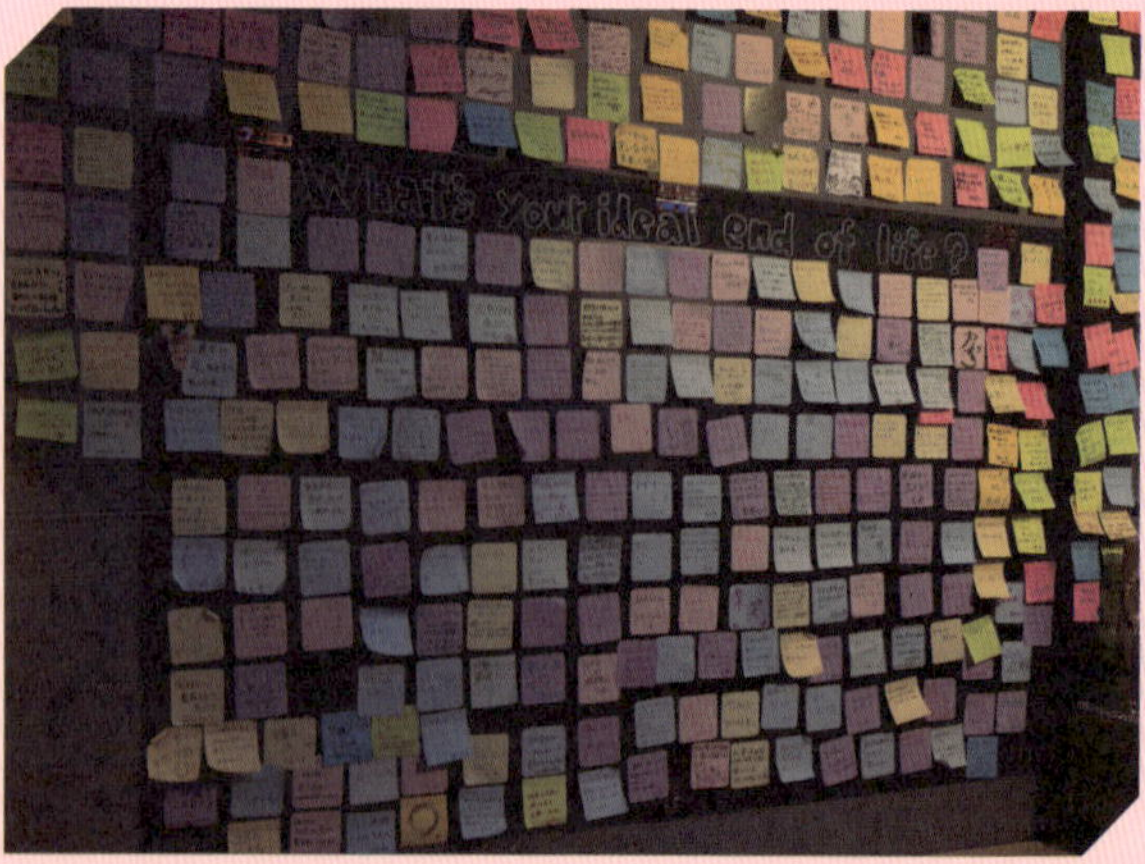

今日もまた、壁の付箋は追加されていきます

「彼に見守られて逝きたい。手を繋いで。」

「パンツ1枚残さずに旅立つ。」

「笑い死ぬ。」

「死ぬ年齢=健康寿命。」

壁面に散りばめられた
「いきかた」のアート。

人それぞれの死生観に、頷いたり、クスッと笑ったり

ボトル棚には珍しいお酒も並んでいます

地元のクラフトビールやクラフトジンなど
ここでしか飲めないお酒や
死をイメージしたデザインの
シャンパンやワインもあります。

ママにゆっくり
話を聞いてもらうのもよし
カウンターにいる他のお客様と
語らうもよし。

終活の話だけでなく、政治の話や愛と性の話まで。タブーはありません

ロックアイスもなんと頭蓋骨!!

テキーラを飲むなら
ストレートかロックかな。

メキシコの「死者の日」をイメージした
テキーラのボトルもたくさんあります。
テキーラの味わい深さに触れてください。

「ドーニャセリア」というスカル人形のボトルたち。美味しいです!

「えっ、これ骨壷なの！」

って思うでしょ？

スワロフスキーとコラボデザインの骨壷です！

葬送ブランドGRAVE TOKYOの
ショールームも兼ねた店内。
ディスプレイは定期的に変えています。

メキシコやアメリカ南部をイメージした棺桶コーナー

棺に横たわり、目を閉じて
束の間のあの世への体験旅行。
あなたは何を思うでしょうか？

完全に蓋を閉める前に、お花を入れて写真撮影。
ビジュアルの美しさにこだわっています

「いつでも入棺体験ができる」
というコンセプトが、
この終活スナックを作ろうと思った
きっかけです。

これはゴスロリ棺桶。ファッションビルのポップアップストアで若い人たちに大人気

めめんともり実施イベント

2024年3月30日

月に1回、自分を見つめる2時間のワークショップを開催中

2024年4月20日

愛猫を残して死ねますか?全国から猫好きが集まりました

2024年8月20日

Deathと笑い。真夏の怪談話で笑いながら終活を考えました

2024年9月21日

緩和ケアと看取り。理想の最期を迎えるために知っておきたい

2024年10月24日

エンバーミングは、これから増える。新しい死後の選択肢です

2024年11月7日

「自由に生きる」理想の生き方を実践するには?楽しい夜でした

毎月いろんなイベントを開催中!
1日ママも募集しているよ!

ちょっと死について考えてみたら
怖くなかった

はじめに

「人生の最期に食べるなら何がいい？」
「お葬式でかけてほしい曲はある？」
「みんなに見送られて死にたい？　それとも猫のように一人で死にたい？」

私が営む終活スナック「めめんともり」では、あちらこちらでそんな会話が繰り広げられています。

私は20代のときに母を亡くし、その母の遺言である「私が死んだら海に撒いてほしい」という希望をかなえたことをきっかけに、海洋散骨の会社を立ち上げ、以後たくさんの人の葬送に携わってきました。

今でこそ「終活」という言葉はメジャーなものになりましたが、母のように自分の死について希望を持っている人は少なく、亡くなった後に家族がバタバタとした中で弔い方について決めていくことが多いのが実状です。

まだまだ自分の死について明確な意思を持っている人は少ないと感じます。

生きているときには、好きなものや嫌いなもの、こうしたい、ああしたいという願いを持っているのに、なぜ死については語ることなく人生を終えてしまうのでしょうか。

そんな思いから、死について気軽に語れる場として終活スナック「めめんともり」をオープンさせたのが2024年2月のこと。

私はそこで「ママ」をしながら、お客様とお話ししたり、ワークショップを開催したりしています。

めめんともりに来るお客様は、20代の若者から、上は80代まで、年齢も性別もさまざまです。場所柄か、海外からのお客様も少なくありませんが、それぞれが自分の好きなものの話をするように「死」について語り合っています。

不思議なことに、自分の死について考えると、「もっと生きたくなった」「やりたいことをすぐにやっておこうと思った」「周りの人への感謝の気持ちが湧いてきた」と生きることに前向きな発言をする人が多いです。

それは、自分のゴール地点をイメージすることで、「自分はこれからどう生きたいのか」「限られた時間をどんなふうに過ごしたいか」が自然と見えてくるからなのかもしれません。

店名の「めめんともり」というのはラテン語で「死を忘れるな」という意味です。

誰しも、自分の死や大切な人の死について考えるのは怖く、できることなら避けたい話題ではないでしょうか？　しかし、死は誰にでも等しく、１００％訪れます。

だからこそ、もっと気軽に、堅苦しくなく、自分の人生のゴールを考えていくことが必要だと思うのです。

「自分の死」について考えることによって、普段当たり前のように見えている景色も、また違ったものに感じられるはずです。

目次

第1章 なぜ終活スナック? めめんともり開業のルーツを辿る

第2章

理想の最期はなんですか？

第5章

終章

自分らしい最期を迎えるために必要なこと

第1章

なぜ終活スナック？めめんともり開業のルーツを辿る

20代で迎えた母の死

「なぜ終活スナックを始めたのですか？」

何度も聞かれるこの質問に答えるために、私はどこまで遡ればよいのだろう？

いつも少しだけ迷うのですが、ここでは、私が20代後半の頃に当時55歳の母を見送ったところからお話ししようと思います。まずはこの物語にしばしお付き合いください。

桜が満開の季節。

元気だった母に突然やってきた「急性リンパ性白血病」という病。

血液のがんの一種である白血病は、現代の医療では治らない病気ではない、という医師の言葉を信じていたものの、抗がん剤や新薬を使った治療は想像以上に過酷なものでした。

抗がん剤の副作用で、食べものを受けつけられず、髪の毛も抜け落ち、みるみるうちに見た目も変わっていく母。

私にできることはただ寄り添うことだけでした。

夏が近づいた頃、骨髄バンクの登録者で母と白血球の型が合うドナーが見つかったときには、これで助かるはずだと家族で安堵しましたが、骨髄移植もまた、容易なことではありません。

他人の骨髄細胞を受け入れるために行う放射線治療により、口内炎が唇から食道にまで広がり、胃には胆汁が溜まっていました。移植後も感染症を防ぐために2ヶ月ほど無菌室で過ごしましたが、そこでの日々は地獄のような痛みとの戦いで、母には何度も「もう生きていたくない」と言われるほどでした。

そして、その苦しみから解放されぬまま、12月25日、クリスマスに医師から病気の再発と、残された命が1ヶ月であることが告げられたのです。

そこから1ヶ月は、あっという間でした。

QOL（クオリティ・オブ・ライフ）という言葉がありますが、母にとって残された時間が少しでも充実したものになるよう、できる限り一緒に時間を過ごしました。

お正月を過ぎた頃には医師からの外泊許可を得て、家族で最後の旅行へ。きっとその頃には退院できるだろうと半年前から予約していた舞浜のホテルミラコスタに泊まることができました。

点滴をつけた車椅子を押して東京ディズニーシーの街並みを歩いたこと。

母と並んでショーを見たこと。

どの瞬間も、母とのかけがえのない時間で、今でも忘れることができません。

また、家に帰りたいという母の希望で、一度だけ自宅に帰ることもできました。家で食べたいものはあるかと聞いたところ、母は「フェイジョアーダ」が食べたいと言いました。フェイジョアーダというのはブラジル料理で豆を煮込んだスープのこと。母にとってブラジル料理は特別なものだったのです。

私がまだ幼かった頃、4年ほど父の仕事の関係でブラジルに住んでいました。

地球の反対側で何のしがらみもなく家族4人だけで過ごした日々。好きなことだけをしていたあの4年間が人生の中で宝物みたいな時間だった、と母から病室で聞かされていました。

だから最後の食事に選んだのは白米でもお味噌汁でもなく、異国の地のスープ。母が人生で一番幸せだった時間の思い出の味でした。

念願の自宅に帰り、父が作ったフェイジョアーダをひとさじ口に入れた母に「どう?」と聞くと「豆が、硬い」と一言（笑）。これには思わず笑ってしまいました。

自宅に1泊するだけの体力も残っておらず、椅子に座って猫を撫でるのがやっとでしたが、母の穏やかな顔を見たのは久しぶりのことでした。

病院へ戻る途中、母の両親が入居している施設に寄り、外に出てきた両親に、母は車の中から手を振っていました。それが母と両親の最後の時となりました。

それから2日後、余命宣告からちょうど1ヶ月が過ぎた2003年1月26日。母は静かに息を引き取りました。

母と一生分話せた9ヶ月間の闘病生活

9ヶ月間の闘病生活の末、一度も退院することなくこの世を去った母。
この9ヶ月間は私にとって濃厚な時間でした。
実は、私は10代の頃、母とよくぶつかっていて、高校卒業と同時に家を飛び出したまま、一度も実家に戻って生活をすることはありませんでした。
それでもこの闘病生活の間、一生分といえるほど母といろいろな話をしました。そして人はこのように亡くなっていくのだということを、母は死をもって教えてくれました。

母は病床で父や私、妹にミミズが這ったような文字でメモや手紙を遺してくれていました。中には、よく作ってくれた料理のレシピもありました。

治療は過酷であり、ときに地獄のような苦しみをもたらす。

けれど、そのかわりに死に対して準備ができる。

それが、がんという病気なのだと気づかされました。

短いようで、長くもある9ヶ月間、母はどんなことを考えていたのでしょうか。

母は自分が亡くなった後の希望も明確に私たちに伝えてくれました。
母が望んだことは二つ。
一つ目は宗教色を一切排除した葬儀にすること。
二つ目は骨を海に撒くことでした。

葬儀については、無宗教であることのほか、「自宅から送り出してほしい」「音大を卒業した妹にピアノを弾いてほしい」という希望もありました。
当時私は花を扱う仕事をしていたため、母が好きそうな花をたくさん用意して自宅で葬儀を行うことにしました。

母との約束通り、妹がピアノを弾き、妹の同級生の声楽家に歌を歌ってもらいました。
司会は母の友人にお願いし、遺影や会葬礼状を手作りしたり、通夜振る舞いの食事を地元の商店街で手配したりと、できるだけ葬儀社の力を借りずに自分たちで母を送り出すのだという気持ちで準備を行いました。

葬儀には家族や親戚だけではなく、母の昔からの友人や仕事関係の人、地域の人、私や妹の学校関係の人まで多くの人に参列していただき、社会とのつながりが多かった母の生き方が表れていたように思います。

母の思い出の海で約束を果たす

母は病気になる前から「お墓に入りたくない」と度々口にしていました。闘病中もその思いは変わらず、ある日、病室で些細な会話がきっかけとなり「私が死んだら、海に骨を撒いてほしい」と言われました。

「どこの海？」と聞くと、母は「やっぱり……伊江島かな……」と答えました。

今の私ならば、母の希望をもう少し詳しく聞けたのかもしれません。

でもそのときは、ただ、「わかった、わかった。でも今は頑張って病気を治そう」と励まし、会話を終えることしかできませんでした。

私はまだ母の死について準備するのが怖かったのです。

伊江島というのは、沖縄県の北部に位置する人口４０００人ばかりの小さな島で、母が大好きだった場所。

40代後半にしてダイビングのライセンスを取得した母は、伊江島の美しい海とあたたかな島の人に魅せられ、オフシーズンにも一人でたびたび島を訪れるほどでした。

母が亡くなり、四十九日を過ぎた頃、私は家族に母が散骨を望んでいたことを伝え、その実現について動き始めました。

調べてみると沖縄の葬儀社で散骨を行っている会社があることがわかりましたが、父は世間体を気にして、従来と違う弔いを行うことにまだ迷いがあるようでした。妹は、母のお骨を少し取り分けてお守りにしたいなどと言っていました。

最終的には父の思いを尊重し、母の遺骨はすべて散骨するのではなく、一部は用意されていたお墓に納骨することになりました。

そうして、母が亡くなって1年後、伊江島の海で散骨を行いました。

母の大好きだった海に遺骨を還したとき、私はやっと気持ちに区切りをつけることができました。

1年間ずっと家にお骨があったので、今考えると、やはり現実を受け止められていなかったのだと思います。

すぐにでも部屋のドアが開いて、母がしゃべりながら入ってくるような気がしていました。

でも、青い海にゆっくりと沈む母のお骨を見たときに、やっと前を向いて進んでいこうと思えたのです。1年間手つかずになっていた母の部屋も、散骨の後、すべて整理することができました。

家族が主催する葬儀は少なくなっている

正直なところ、私たちが行った葬儀や散骨に関しては、母の両親や親戚から反対されたり、意見を言われたりすることも多々ありました。

今となっては、娘を亡くした両親（私からみて祖父母）の気持ちもわからなくはありません。老いた自分たちよりも先に50代の娘を亡くすことは言葉で表せないほどの悲しみであり、いろいろなことに感情的に反応してしまうのも当然なのかもしれません。

でも私たちは母の強い思いを受け取っていたからこそ、周囲の声に流されることなくそれらを実現させることができたのだと思います。

母を見送ってから数年の間に、立て続けに祖母と祖父も亡くしましたが、そのときも無宗教の式を行いました。

病床で「黄色い花が好きだ」と言っていた祖母の葬儀では、参列者に黄色いカーネーションを1本ずつ献花してもらいました。

祖父は幼稚園を経営していたので、葬儀では幼稚園の先生たちに集まってもらい、幼稚園の歌をみんなで歌ってもらいました。

どちらも一般的な葬儀とは違うものかもしれませんが、母、祖母、祖父の葬儀の主催者はまぎれもなく私たち家族でした。

もともと葬儀は家族が主催するものだったのに、いつの間にか葬儀社にすべてをおまかせし、家族がゲストになってしまう葬儀が主流になっている気がします。

もちろん、家族を亡くした悲しみの中で、バタバタと葬儀の準備をするのはとても大変なことであり、体力的にもつらいでしょう。

でも、振り返ってみると、それらを一つひとつ行うこと自体が、自分の中にある喪失感を少しずつ整理していくことだったのかなと感じています。

海洋散骨は家族が主催する最期のお別れの場

母を散骨したこと。それにより自分の気持ちが整理できたことをきっかけに、私は海洋散骨をもっと世の中に広めたいという想いを抱き始めました。

そしてちょうどその頃、海洋散骨のコーディネートをしていた初代船長との運命的な出会いがあり、意気投合。

船を購入し、2007年2月に「ハウスボートクラブ」という会社を設立しました。

ハウスボートクラブでは多くの方の散骨のお手伝いをさせていただきましたが、散骨は、昔からの葬儀のように「こうしなくてはいけない」というルールも伝統もありません。

故人の好物を作って持ちこむ方もいれば、好きだったお笑い番組を船の上でみんなで見ることもありました。
故人のことをよく知る家族だからこそ、さまざまなアイデアを持ち寄り、オリジナルのお別れができる。私は自分自身の経験があったからこそ、自然と家族にお別れの主導権を握っていただくことを大切にしてきたのかもしれません。

家族にお別れの主体となっていただく試みの一つに、「立ち会い粉骨」があります。散骨を行うためには、遺骨を細かくパウダー状にする必要がありますが、私たちの会社では、ご家族に粉骨に立ち会っていただき、お骨を水溶性の袋に詰める作業を自分たちで行っていただいています。
元々は、家族の目の前で骨壷を開けることで、遺骨の取り違えなどを防ぐために始めたことでしたが、この立ち会い粉骨が家族の心に大きな影響を与えることに、気づくことになりました。

死別から少し時間が経ったタイミングで骨壷の蓋を開けることで、家族の心の蓋が開く瞬間に何度も遭遇しました。粉骨のために作られた安心安全な空間で、故人に向き合いながら、さまざまなお話を聞かせていただくうちに、この粉骨というプロセスもまた、葬送の儀式の一つだと思うようになりました。

そもそも、海洋散骨は、家族が自分の手で故人を海に葬ることができるのがよいところだと思っています。葬送のプロセスの中で、家族が主体的に関われる場面というのは、意外と少ないものです。

散骨という選択をする人の中で多いのは、「故人が希望していたから」という理由です。遺された家族は、故人の想いを叶えながら、ご自分の心の折り合いをつけていく。私はかつての自分がそうであったように、散骨を通して、見送られる側と見送る側の両方の想いを形にしていきたいと思ったのです。

死を起点に人と繋がる。メモリアルクルーズから「終活カフェ」のオープンへ

あるとき、海洋散骨を行った家族が、船上で「また来年も船でお参りに来たいね」と話しているのを耳にしました。そこで生まれたのが「メモリアルクルーズ」というサービスです。

これは命日や年回忌などの節目に、船で散骨地点に向かい祈りを捧げる、いわば海へのお墓参りです。

日本人は外国に比べてもお墓参りを大切にする文化があるように思います。お盆やお彼岸だけでなく、何かを報告したいときなど、墓前に手を合わせることで気持ちを切り替えたり、決意を新たにしたり、ということもありますよね。

海洋散骨では目に見える墓標はありませんが、海に向かうと故人を感じられるとおっ

しゃる方も少なくありません。

ただ、お墓参りとは違い、メモリアルクルーズは船をチャーターする必要があるため、個人で行うと多額の費用がかかります。そこで私たちはもっと気軽にお参りに行けるように、年に数回、東京湾に散骨をした何人かの遺族で船に乗り合わせる「合同メモリアルクルーズ」という合同便も運行しています。

個々の散骨地点ではなく、大まかな地点で供養することにはなりますが、このクルーズは参加を希望する方が年々増えています。

メモリアルクルーズで印象的だったのは、船上でご遺族同士の交流が生まれたことです。

はじめはたわいもない話がきっかけでも、ぽつりぽつりと散骨したときのエピソードや、故人の思い出を打ち明けるご遺族の姿を何度も見てきました。

もちろん一人きりになりたい、誰とも話したくないという人もいます。

でも、お互いに大切な人を亡くし、同じ海域で散骨を行ったという共通点を持つ人同士で話すことは、心を癒したり、軽くしたりするきっかけになるかもしれないと思うようになりました。

それから、散骨をした方が日常の中で気軽に立ち寄れる場所を作りたいと考えるようになり、2016年2月に東京・住吉に「ブルーオーシャンカフェ」をオープンさせました。

メモリアルクルーズやブルーオーシャンカフェを通して散骨でご縁のあったご家族と交流することができたのはとてもありがたい経験でした。

ブルーオーシャンカフェは、「終活コミュニティカフェ」というコンセプトで、誰にでも訪れるエンディングについて、気軽に話せる場を目指しました。これが、現在の終活スナックめめんともりの前身です。

私は、当時、カフェのオープニングに際し、「終活をブームから文化にしたい」と宣言したのを覚えています。カフェでは積極的に終活セミナーや、遺族のグリーフ分かち合いの会、お坊さんとのコラボイベント、入棺体験をはじめとするワークショップなどを開催して、メディアにも多く取り上げられました。

コロナ禍でのカフェ閉店、そしてめめんともりが誕生

そんなブルーオーシャンカフェですが、新型コロナウイルスの流行の影響もあり、2022年6月に閉業することに。

道半ばになってしまったという思いもありましたが、ちょうどその頃、葬送ブランドGRAVE TOKYOを立ち上げたデザイナーの布施美佳子さん（通称みけらさん）が本格的にアトリエを構えて、棺桶の制作を始められました。元アパレルデザイナーである布施さんの作る棺桶は、それまで見た棺桶とはまったく違うもので、インパクトのあるデザインが目を惹きました。

もともと、カフェに布施さんがデザインした骨壺を飾っていたというご縁もあり、月に一度、彼女のアトリエで、以前カフェで行っていた入棺体験のワークショップを少しアレンジして開催することになりました。

毎月1回入棺体験ワークショップを開催しているうちに、月に一度ではなく、常設し

ていつでも棺桶に入れたらいいのに、と二人で話をするようになりました。そして行き着いたのが「終活スナック」です。

私はやっぱり昔から人が集まる場所というのが好きなのだと思います。祖父母も両親も人を家に呼ぶのが大好きで、ワイワイと食事をする機会が多かったからかもしれません。そんな場所で、今日の天気や食事の話をするみたいに、死についてオープンに語り合ったり、入棺体験ができたら、と思うようになりました。

ブルーオーシャンカフェもそのような場所ではありましたが、今思えば、カフェの店主とお客さんの距離感ではなかなか話しづらいこともあったと思います。

でもスナックであれば、お酒を飲みながらもっと気軽に話せるはず。家族や友人などにはちょっと話しづらいことも、スナックのママやたまたま隣に座った人になら話せるということもあるのでないかと思えたのです。

そこから物件を探し、2024年2月に「めめんともり」をオープンさせることになりました。

キャッチコピーは「カラオケないけどカンオケあります」。

布施さんの棺桶をシンボルに、店内のアートディレクションも担当してもらい、メキシコの「死者の日」をイメージしたポップな店内ができあがりました。

クラウドファンディングでは、299人もの方から支援をいただき、終活スナックが必要とされていることを改めて実感しました。


これまでたくさんの人の死や生き様を見てきた中で、幸せな最期を迎えるためにもっとも大切な要素は「人とのつながり」だと確信しています。ですから、めめんともりが、死について語り合える場所であるとともに、さまざまなバックグラウンドを持つ人が集い、人とのつながりが生まれる場所になるといいなと思っています。

日常生活の中で死は遠いものになっている

先日、めめんともりに来たアメリカ人のお客様に、「日本人は日常の中に死を考える機会がありますよね」と言われました。

「だって、日本にはお盆のように死者の霊を迎える行事があったり、家に仏壇があって毎日手を合わせたりしますよね」と。

その言葉に私はハッとしました。

たしかに、私が子どもの頃の日本ならばそうだったかもしれません。

しかし、今、お盆飾りをしてご先祖様を迎える家はどれくらいあるのでしょうか。

都会のマンションで仏壇を持っている方はどれくらいいるでしょうか。

現代に生きる私たちにとって、死というものはとても遠くなっているような気がしています。おじいちゃんやおばあちゃんと同居する世帯が少ないうえ、病院で亡くなることが一般的になったことにより、自宅で看取りをする機会は稀になっているのではないでしょうか。

また、医療の発達によって長生きする人が増えたため、人が少しずつ老いて、死を迎えるというプロセスを知ることも少なくなりました。

そういう社会の中にいたら、自分の最期を想像することなどできないのも当たり前のことです。死を自分ごととして捉えるのが難しくなっているのも無理はありません。でも、だからこそ、ちょっと立ち止まって、自分の人生の終わりを考えることに意味があるのではないかと、私は思うのです。

毎日が忙しく、目の前のことをこなすのが精一杯の私たちの進んでいく先には何が待っているのか。人生をゴール側から眺めてみると、これまでとは違った生き方が見えてくることもあるかもしれません。

Column

海洋散骨について

海洋散骨とは、粉末化したご遺骨を海に撒く葬送方法です。

歴史を紐解くと、万葉集まで遡ることができるとか、インドのガンジス川で行われていたのがルーツだとかいわれていますが、現在の日本で一般的に行われるようになったきっかけは、1991年に設立されたNPO法人葬送の自由をすすめる会による「自然葬」の市民運動の盛り上がりが礎だったといえます。

火葬後の焼骨は、粉砕器で粉末化して水溶性のパックに納骨し、船で沖へ出て花びらと一緒に海面に散布します。海に還っていく故人に祈りを捧げ、船の汽笛を鳴らしたり散骨ポイントを周回したりするなどして、ゆっくりとその場を離れるという一連のセレモニーは、80年代アメリカの西海岸やフロリダ州で行われていた儀式を参考にしているともいわれています。

散骨の法的な扱いですが、現状、日本の法律では海洋散骨に関する規定は特にありません。※1 2011年に任意団体として活動を開始し、2014年に法人化した一般社団法人日本海洋散骨協会では、自主規制として海洋散骨のガイドラインを策定しました。

2020年に、厚生労働省の科学特別研究事業「墓地埋葬をめぐる現状と課題の調査研究」において、散骨に関する調査研究が実施され、「散骨に関するガイドライン（散骨事業者向け）」が取りまとめられました。[※2] また、2023年には、国土交通省から「海上散骨に関するガイドライン」が発表されました。[※3] 国の機関から相次いで散骨に関するガイドラインが発表されたことにより、海洋散骨という葬法は、墓地への埋葬に代わる選択肢として徐々に日本国内で受け入れられつつあります。

海洋散骨は、事業としての参入障壁がそれほど高くないこともあり、さまざまな業種からの参入が増加傾向にあるのが現状です。散骨の方法としては、船舶を一隻チャーターして行う「チャーター散骨」、指定された日時に何組かで乗合いで行う「合同散骨」、そして遺骨だけを事業者に託してご遺族が乗船しない「代理（委託）散骨」の3つのプランが一般的です。

昨今、特に金額として安価な「代理（委託）散骨」を専門とするサービスが増えつつあることを問題視する声も上がっています。さまざまな理由（経済的理由や、故人との関係の希薄さ、船に乗れない諸事情など）で、遺骨を事業者に託す場合にも、海洋散骨という葬法は、単なる遺骨の処分ではなく、供養であり故人を弔う儀式であるという観点で事業者を選んでいただきたいと思います。

海洋散骨は、遺された家族にとっては、グリーフケア（悲嘆のケア）としての一面もあると私は考えています。日常から少し離れて大海原に出て、改めて故人に想いを馳せる時間はとても貴重で、そのプロセスに意味を見出す人も少なくありません。ただ、一度海に撒いてしまったお骨は元に戻せませんので、心の拠り所のために、少し手元に遺してもよいでしょう。小さい骨壷やアクセサリーなどに少量のお骨を取り分けて供養することを「手元供養」と呼び、さまざまな商品が売られています。

※1　日本海洋散骨協会ガイドライン https://kaiyousou.or.jp/guideline.html

※2　令和2年度厚生労働科学特別研究事業「散骨に関するガイドライン（散骨事業者向け）」
https://www.mhlw.go.jp/content/11130500/001321304.pdf

※3　国土交通省「海上散骨に関するガイドライン」
https://www.mlit.go.jp/maritime/maritime_fr3_000056.html

第2章

理想の最期はなんですか？

あなたの理想の死は？

ふらりと入ったスナックで、「あなたの死生観は？」なんて聞かれたら、ちょっとびっくりしてしまうかもしれません。

でも、お酒を飲みながら、リラックスして「死ぬこと」や「生きること」について考えてみるというのも悪くないいんですよ。

めめんともりのカウンターの後ろには「What's your ideal end of life?（あなたの理想の人生の最期は？）」と書いたボードを置いています。そこに貼られているのは、色とりどりの付箋。これが死について考えるツールなのです。

めめんともりでは、お客様に自分の「理想の死」について自由に1枚の付箋に書いていただいています。

書き方のルールは何もありません。

イラストを描いても、たった一言しか書かなくてもかまいません。

何を書けばよいのかわからなくて、「わからない！」と書く人もいれば、どうしても思いつかず、さんざん悩んで白紙のまま帰って行く人もいます。

「こうしたらいい」という正解なんてありません。

何を書いてもいいし、書いた内容を忘れてもいい、ただそのときに思うことを書けばいいと思っています。


このアイデアのもととなったのは、学生時代によく行っていた居酒屋です。

そのお店では、来店客がその時に思いついたことをどんどん壁にマジックで書

いていました。

お酒を飲むこともあり、誰もが何を書いたかなんて後になったら思い出せないけれど、そのときはすごく盛り上がっていたんですよね。

まっさらな壁をみんなで作っていく感じも楽しくて、自分のお店でもそんなことができたらいいなと考えて作ったのが、このボードです。

机に向かって、大真面目に「自分の理想の死とは」なんて考えても、なかなか思い浮かばないもの。だから、お酒を片手に、友達としゃべりながら妄想するみたいに気軽に考えて書いていくのもいいと思うんです。

最期はにぎやかに？ それともひっそりと？

たくさんの「理想の死」が書かれた付箋を眺めていると、「死」と一言でいっても、捉え方は人それぞれですし、こんなにも多様な「死」があって、私たちはそれを選ぶことができるのだと実感します。

例えば、

「日本全国から仲間が集まって、皆で思い出話をしてくれたら最高」
「大切な人から、今までありがとう、と言われて逝く」

などと書く人もいれば、

「自分が決めて生きてきた人生、誰にも何も言われず静かに眠りたい」
「山の中で一人静かにいくよ〜」

「枯れるようにさようなら」

などと書く人もいます。

めめんともりでよく話題にのぼるテーマでもありますが、自分が死ぬときにできるだけたくさんの人に「ありがとう」といわれながら見送られたいか、猫のようにパッといなくなって一人で死にたいか。

死ぬ瞬間一つとっても、人によっていろいろな考え方があるんですよね。

ひと昔前なら、お葬式は盛大な方がよいとされていたかもしれませんが、今はお葬式やお墓などに関してもいろいろな価値観を持つことが当たり前になっています。

例えば、最近は結婚式をしない人も増えていますよね。

家族写真だけ撮るとか、親しい人を集めてお食事会をするみたいに、自分が何を大切にしたいかを一番に考えることが当たり前になりました。

それは「死」に関しても同じで、自分の人生をどう収めたいかというのは自由に考える時代になってきているのかもしれません。

また、『DIE WITH ZERO』(ダイヤモンド社)という本がベストセラーになっていますが、何も残さず死にたいというのも時代の流れでしょうか。

「パンツ1枚残さず逝く」

「預金0円にして・・・」

などと書いている人もいます。

皆さん本当に想像力豊かで、「死に対して自由に考えることができるんだな」と気づかされます。ほとんどの人は死について普段から考えていたわけではない、いわば「死に遠い人」かもしれません。

でもきっかけさえあれば、死を自然に自分ごととして考えられるし、語り合えるんです。

「死生観」というのは、その言葉の通り「死」だけではなく、生きることに対する価値観でもあります。自分らしい死に方に思いを巡らせることは、自分らしい生き方にも目を向けることになるのではないでしょうか。

毎日忙しく日常を過ごしている中で、ちょっと立ち止まって、普段考えない「死」について考えてみる。自分のゴールから人生を俯瞰して見てみると、身近な人への感謝や、自分がこれからやりたいことなどが見えてくることもあります。

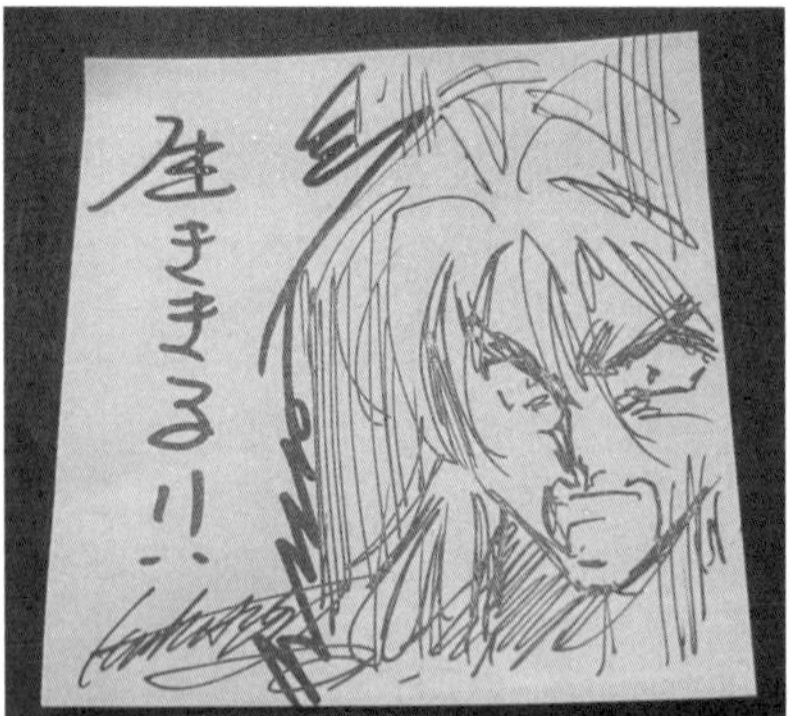

最後に食べたいものはなに？

「最後の晩餐」も、めめんともりでは鉄板のテーマです。付箋に、

「最後の晩餐は納豆ご飯、わかめと豆腐の味噌汁、にんにくのしょうゆ漬け。美味しく食べて逝きたいな」

「最後の dinner はお寿司とカラアゲ！」

「白ご飯とおみそ汁、おしんこを食べて死にたい」

などと書いた人もいます。

めめんともりで行っている「入棺体験」のワークショップでも、参加者が「最後の晩餐」を考える時間を設けていますが、「食事」という身近な話題から死を考えると、少ししんみりしていた空気もふわっと軽くなるような気がしています。

今までに出た答えで最も多いのがなんと「卵かけご飯」。

やはり日本人は白米を選びたくなるのでしょうか（笑）。

そして弱っているときでも食べられそうな喉ごしのよさ、ごはん、卵、醤油というシンプルさが魅力なのかもしれません。

誰かが「熱々の炊き立てご飯に、生卵を落として・・・」というと、周りもつい「それいいいな！」と感じるようです。

また、「お母さんの作ってくれた料理」と答えた人もいます。

順番でいけば、先に死んでしまうお母さんの手料理を最期に食べることはできないけれど、「あの味をもう一度食べたい」と思うものを心に浮かべるのも、自分の人生を振り返るきっかけになるのではないでしょうか。

そういえば、これまでで一人だけ「何も食べたくない」と言った人もいました。

人生の最後なんだから胃を空っぽにして死にたいというのです。

深いですよね。

死についてはまだ考えられない、イメージが湧かないという人は、「最後に何を食べたいか」をきっかけにしてみるのもよいのではないでしょうか。

友達どうしでめめんともりに来ている人も、「最後の晩餐」をきっかけに、自分の死生観について話し合うとすごく盛り上がります。

「理想の死に方」は目標ではない

誰でもいつかは死ぬ。確率は100%。

宝くじに当たる確率よりも、推しのコンサートに当たる確率よりもはるかに高いんです。

だからこそ、死について考えることには意味があり、「そこに自分らしさを求めるのは自然なこと」といえるでしょう。

気がつけば2つあったボードもいっぱいになり、壁や柱まで埋め尽くされた、たくさんの人の「理想の死に方」。

書いた人の数だけ増えていく付箋ですから、完成形というのはありません。

私も眺めているといつも新たな発見があり、共感するものも変わっていくのが不思議です。

何度もお店に来てくださるお客様の中には、自分が書いた内容を忘れているという人も少なくありません。お店に来るたびに書いている人もいます。でも、それでもいいんです。むしろそれくらいライトでいい。

どんなことにもいえると思いますが、その時に自分が置かれている状況や、気分によっても考え方は変わります。だから、自分の最後について何度でも考えてみてもよいと思います。

私たちは、未来を考えるときに「いつまでに○○を実現したい。そのためには、○○をしなければいけない、そのためには・・・」と考えるのが当たり前のようになっているのではないでしょうか。

でも、いくら自分の理想の死を掲げたところで、それが叶えられるかどうかはわかりません。どんなに努力しても理想の死は、理想でしかないのです。

だから付箋はあくまできっかけ作り。

普段、死が遠くにある人も自分のゴールについて考えたり、周りの人と話したりすることのきっかけになればいいなと思っています。

実は私はまだこの付箋を書いていないんです。日々色とりどりの死生観を見ていると、あれもいいな、これもいいなと思い、迷ってしまいます。

あなたは付箋にどんな死を描きますか？

68ページから、実際めめんともりで書かれた付箋を紹介していきます。

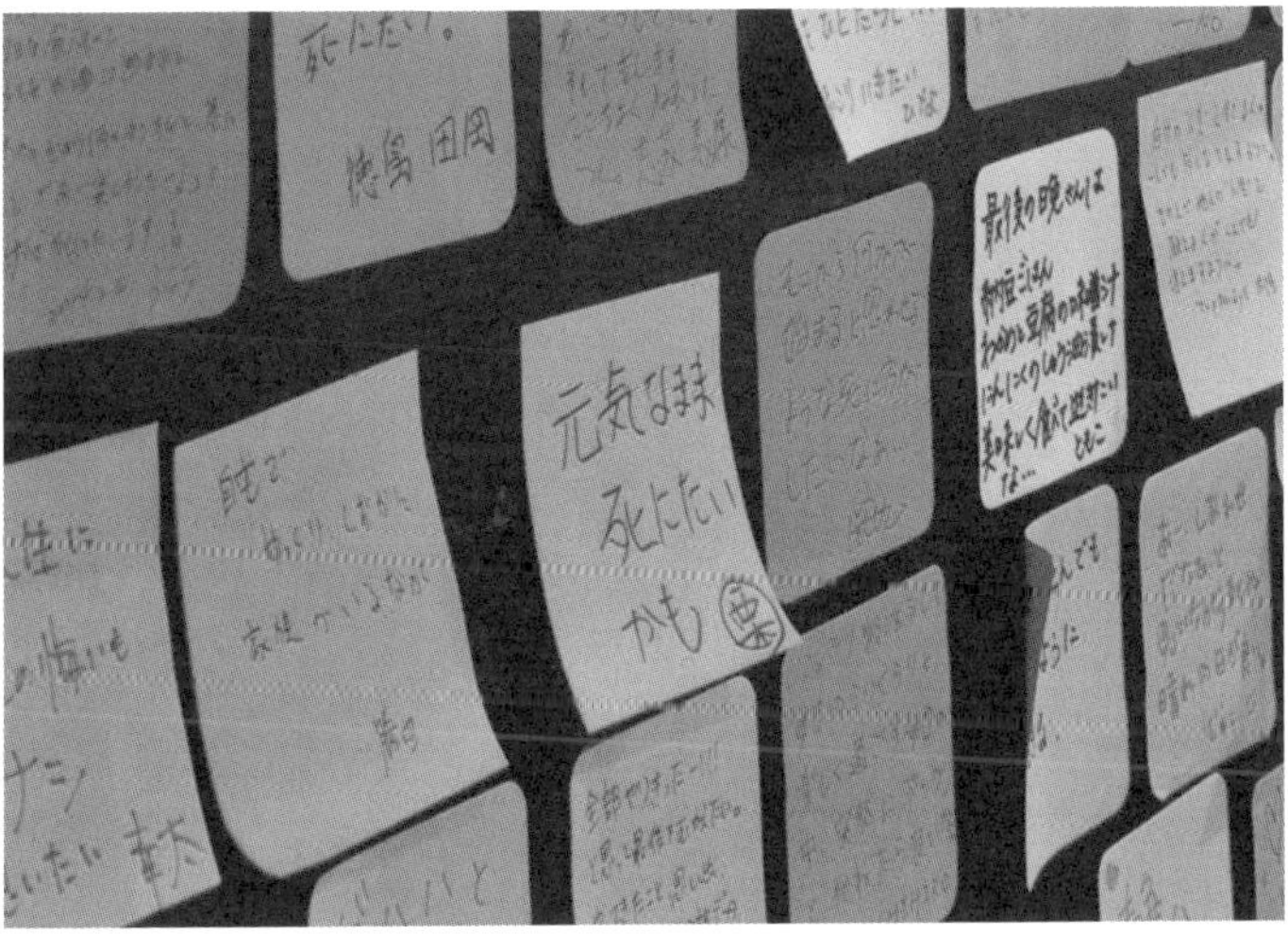

What's your ideal end of life?

95歳まで、めちゃ元気なお婆ちゃんとしてすごし、96歳からじょじょに弱って、1年かけて終活準備を自分でして。最後はパジャマ1枚のみ残して娘と孫に手をにぎられながらねむるように永眠する。

What's your ideal end of life?

腹上死

What's your ideal end of life?

全ての死は宇宙が
決めたことなので、
どうなっても理想

What's your ideal end of life?

裕子にひざまくらして
もらいながら
チカラ尽きる
よろしく裕子
幸司

What's your ideal end of life?

外の景色が見える窓際のベッド、
家族に囲まれて
ありがとうを伝えたい。
感謝の気持ちで命のバトンを
渡したいです。

岡藤

What's your ideal end of life?

気付いたら
天国!

What's your ideal end of life?

Well lived
Well loved
No regret

What's your ideal end of life?

足裏マッサージを
受けながら
『極楽〜〜〜♡』と
つぶやきながら！
行ってきま〜〜す！！！
emily

What's your ideal end of life?

ギョーザ5人前とビールを
最後の晩餐にします。

Dai

What's your ideal end of life?

病院で死なない！
野ざらし♫

Kaori

What's your ideal end of life?

芸に死し、
芸に生きる
死して
芸を極める

What's your ideal end of life?

大好きなラーメンを
マシマシマシマシにし、
お世話になった方々に
「感謝」をして…♡

Column

葬送文化のエリアによる違い

あなたはこれまで、身近な方のお葬式に立ち会い、火葬場でお骨を拾った経験はありますか?長いお箸を使ってお骨を骨壷に納めた時、足先から頭蓋骨まで全てのお骨を拾いましたか?あるいは、主要な部分だけを拾いましたか?骨壷のサイズはどれくらいでしたか?

実は、骨壷の大きさは、地域によって違いがあります。首都圏では、全てのお骨を納める「全骨収骨」のため、標準的には七寸といわれる大きな骨壷を使用しますが、西日本では主要な部分だけ拾う「部分収骨」のため骨壷は小さくなります。関西の標準サイズは五寸ですが、中には、二寸とか三寸とか、非常に小さい骨壷を使用している地域もあります。東京の葬儀しか知らなかった私は大阪で亡くなった伯父の葬儀に参列した際に骨壷の小ささに驚き、火葬場で拾わなかった残りのお骨がどうなったのか非常に気になったのを覚えています。

火葬場で収骨されなかった残骨は、火葬場の敷地に合葬されたり、残骨を集めて供養する寺院などに運ばれます。もっとも有名なのは令和6年の能登地震で被害を受けた石川県輪島市の大本山總持寺祖院で、「全国火葬場残骨灰諸精霊永代供養塔」が建立されています。

仕事柄、全国から集まる骨壷を扱いますが、エリアによっては骨壷ではなく骨箱に納骨する地域もあります。たとえば新潟では八角形の桐箱に直接お骨を納めます。顔と頭蓋骨を崩さずにそのまま骨箱に納めるという地域もあります。

また、葬儀や埋葬の方法も、エリアによって大きく違います。一般的には、通夜→告別式→火葬という流れですが、東北地方などでは、先に火葬して、お骨になってから告別式を行う「骨葬」が広く行われています。お墓への埋葬は、骨壷をそのまま収蔵するエリアと、お骨を取り出して直接土に埋めたり布で包んで埋葬するエリアに分かれます。

狭い日本でも、地域によってこれだけ違いがありますが、世界に目を向けてみると、自分の常識が世界の非常識だということによく直面します。私は２０１５年ごろから積極的に海外の葬送文化を見てまわりはじめました。そして、目から鱗が落ちる思いを何度も経験しました。まず、日本は火葬率が99・9％で、ほぼ全ての国民が火葬されているという世界でも非常に珍しい国です。[※1] 近年、特に2020年の新型コロナウイルスの蔓延により、世界の国々では急速に火葬の普及が進んでいますが、それでも私たち日本人にとっては常識である、祖父母の代から火葬だったという外国人にはまだ会ったことがありません。

ここ数年私は特にアメリカと韓国によく足を運んでいて、年単位で葬送文化が変化していく様子を見ています。アメリカも広く、地域によって差がありますが、全米で火葬と土葬の数が逆転したのは2013年のことでした。それから10年あまり経ち、火葬が主流という州が増えていますが、まだ歴史が浅く、私たち日本人の中に染み付いている遺骨に対する特別な感情のようなものは薄いかもしれません。韓国も1994年には20％だった火葬率が、2021年に90％を超えるという急変が起こっています。土葬が火葬に代わることで、弔いの文化は大きく変化していきます。それは、かつて私たち日本人の少し上の世代が経験してきたことです。葬送の文化は、その地域の土着の習俗や宗教、そして、社会経済、政策などさまざまな要素に影響を受けながら育まれていきます。各地域の葬送文化を知り、その変化を見ることは、死についての考えを深めるのに役立ちます。

※1　世界各国の火葬率（世界人口調査より）
https://worldpopulationreview.com/country-rankings/cremation-rate-by-country
2022年の火葬率ランキング
1位　日本（99・97％）　2位　香港（96・96％）　3位　台湾（96・76％）　4位　韓国（90・48％）
5位　デンマーク（86・82％）　6位　チェコスロバキア（86・29％）　7位　スロベニア（85・48％）
8位　スウェーデン（82・88％）　9位　シンガポール（81・23％）　10位　スイス（80・33％）　11位　タイ（80％）
12位　イギリス（79・83％）　13位　ニュージーランド（75％）　14位　カナダ（74・38％）　15位　ハンガリー（73・54％）
16位　ドイツ（73・5％）　17位　アンドラ（71・57％）　18位　オランダ（67・13％）　19位　ベルギー（65・41％）
20位　フィンランド（62・39％）　21位　ポルトガル（59・08％）　22位　アメリカ（58・97％）　23位　ペルー（50・67％）
24位　中国（49・5％）　25位　ノルウェー（47・87％）

第3章

誰に弔辞を読んでもらいたいですか？

棺桶に入って生まれ変わる!?

「カラオケないけど、カンオケあります」がキャッチコピーのめめんともり。

お店には、チーママであり棺桶作家の布施さんの手がけた美しい棺桶が置かれています。

そのときどきで籐（ラタン）製のものがあったり、素敵な布が貼ってあったりと、形や素材、模様もさまざまなので、私もいつも新作を見るのが楽しみです。

もちろん棺桶ですから、ただ飾っているだけではありません。

めめんともりでは月に一度、「入棺体験ワークショップ」というイベントを行っています。普段の営業時でも棺桶に入ることはできますが、ワークショップではじっくり2時間という時間をかけて自分を見つめ直し、死に向き合う体験をしていただきます。

私がこのイベントを始めたのは、めめんともりの前身であるブルーオーシャンカフェでした。当時は入棺した後、お坊さんにお経を唱えてもらっていましたが、参加する方が、より「自分らしい最期」を感じられるように、現在は自分への弔辞（お別れの言葉）を書いて棺桶で聴くという体験にフォーカスを当てています。

ワークショップの参加者は、最期に着たいと思う服に着替えてもよいですし、棺に入れたいものを持ってきてもOKです。それぞれの方の自分らしさが出ることを大切にしています。

イベントでは、まず自分自身を見つめ

るために「Who are you?（あなたは誰？）」を問い続けるというワークをします。

その後、誰に弔辞を読んでもらうかを決め、その人から自分宛の弔辞を書いたら、いよいよ棺桶に入ります。

顔の周りにお花を入れて写真を撮り、落ち着いたところでゆっくりと蓋が閉じられます。

棺桶での〝旅〟は約3分間。自分にあてられた弔辞や、一緒に参加している友人や家族からの声を棺桶越しに聞くのがこのワークショップの醍醐味です。

そして、旅を終えると棺桶の蓋が開けられ、「お帰りなさい」の言葉とともに、こちらの世界へと戻って来るのです。

棺桶から出てくる人は、涙を流していたり、笑顔だったり、少し照れくさそうだったり……。表情はさまざまですが、皆、どこかすっきりしているように感じられます。この瞬間に、生まれ変わったような、心にあったモヤモヤが晴れたような感覚になる人も多いです。

ちなみに棺桶の中の居心地は・・・？

「思ったより狭いけど、怖くはなかった」
「赤ちゃんの入るゆりかごみたい」
「宇宙を感じた」
「お母さんのお腹の中に戻ったみたい」
「リラックスできた」
「あと1時間くらい入っていたい」

などなど。

何度か棺桶に入っている人も、その度に感じることは違うといいます。

「あなたは誰？」を問い続けると、自分の人生が見えてくる

ワークショップでは「Who are you?（あなたは誰？）」のワークも欠かすことができません。

これは棺桶に入る前のウォーミングアップとして、自分とはいったい何者なのだろうということを見つめていくものです。

まずペアになって、5分間、お互いに「Who are you?」をひたすら問い続けていきます。

例えば、

「あなたは誰ですか？」

「私は村田ますみです」

「あなたは誰ですか？」
「私はめめんともりのママです」
「あなたは誰ですか？」
「私は母です」

というように属性を答えてもよいですし、「私は○○が好きです」「今、お腹が空いています」とか「ちょっとドキドキしています」など、自分自身のことや、気持ち、感情を答えてもよいです。

スラスラと答え続けて、「あっという間でした！」という人もいますが、多くの人は、最初の1分足らずで答えに詰まってしまい、次第に自分の内面を掘り出す作業に入ります。

自分はどんな人間なのか？　改めて問われると、わたしという存在は、実にさまざまな要素で構成されていることに気づかされます。

また、ペアになった相手にどこまで自分のことを開示するか？　といったことで葛藤することもあります。その場合は、出てくる答えよりもその葛藤したことに大きな気づきがあります。

以前、5分間ひたすら「私の名前はあけみ（仮名）です」と答え続けた人がいました。彼女にしてみれば「私はあけみであって、それ以上でもそれ以下でもない」ということなのだそう。

けれど、5分間ひたすら「私はあけみです」と言い続けた結果、「そういえば、最近私、あけみとか、あけみちゃんって呼ばれたことがない」ということにハッと気づいたといいます。

子どもの頃はただ名前で呼ばれる存在だったのに、年を重ねるにつれ、役割や属性によって呼ばれ方も変わっていく。

そういったことも実感できるのかもしれません。

5分間じっくりと自分という存在を見つめていくと、これまでの人生で何を大切にしてきたのか、これからどう生きていきたいのかが見えてくるのではないでしょうか。

私もこのワークには参加者として入ることがよくありますが、その度に違った「私」が出てくるので、毎回発見があり、面白いです。

あなたは誰に弔辞を読んでほしいですか？

あなたが一生を終え、棺桶に入って、祭壇の前に横たわる姿を想像してみてください。
葬儀には誰が参列してくれているでしょうか？
誰があなたへの弔辞を読んでくれるでしょうか？

自分の弔辞を読んでもらう人を決め、その人からの言葉を1枚の紙に書いていくのが、入棺体験で行う「弔辞のワーク」です。書かれた弔辞は、ファシリテーターが棺桶に入っている方に向けて代読します。

弔辞を読んでくれる人はたった一人です。
あなたなら、誰を選びますか？

「Ｗｈｏ ａｒｅ ｙｏｕ？」で棚卸ししたさまざまな「私」の中で、どの部分にスポットライトを当てたいのかを考えてみると、「この人に弔辞を読んでほしい」という人が見つかるかもしれません。

例えば、仕事を頑張ってきた人なら同僚や部下、家庭を大切にしてきた人は、パートナーやお子さんでしょうか（飼っている猫からの弔辞を書いた方もいます）。楽しかった青春時代を過ごした仲間、大人になってからの趣味で出会った友人という人もいるでしょう。

実際にお子さんからの弔辞を書いた人は、「いつか自分が死ぬときに、子どもからこんなふうに思ってもらえるように頑張ろう」「子どもと過ごせる一日一日を大切にしたい」という気持ちになったといいます。

また、同僚や友人からの弔辞によって「今までの人生、自分はやりたいことをやってきたな」「充実した人生だったな」と感じられた、と話す方も少なくありません。

すでに亡くなっている親や祖父母、随分前に別れた恋人からの言葉を聞いてみたいという人もいますし、まだ出会っていない未来のパートナーからの言葉を想像して弔辞を書く人もいます。

「あのとき、本当は謝りたかった」「あの人のことが忘れられない」など自分の中で消化できていない思いや、後悔していること、やり残していることを、相手になりきって書いてみる。

それによって、心が癒されたり、自分の気持ちを整理するきっかけになったりするのも弔辞のワークのよさだと思っています。

実際にワークショップを受けていただいた方が書いた弔辞を見てみましょう。

あなたは私の愛しい存在です

まなみちゃん
あなたが生まれてきた時のことを今でも覚えています。

母になるという、人生の中でとても大切でステキな体験でした。

あなたは小さくて　声も小さくて　手も小さくて
でも、光り輝いていました。

いつも顔を見るとニコニコと笑って、とても可愛かった。

人が好きなんだなぁと思いました。あなたはいつも一生懸命で、けなげで、私の知らない世界に行ってはいろんな体験をして、その中には嬉しいこと、楽しいこと、つらいこと、悲しいこと、たくさんあったでしょう。

そんなあなたは、私の自慢であり、時にはうらやましくもありました。いくつになっても、幸せになることを諦めないあなたは、生まれてきた時のままの、光のような存在でした。赤ちゃんの時も、大人になっても、どんな時も、あなたは私の愛しい存在です。

なかなか結婚しなくて、ママはずいぶん心配したけれど、私が死ぬ時にはすばらしいパートナーがそばにいてくれて、あなたの光を守ってくれて、ママは安心して、幸せな気持ちで、この世を去ることができました。あなたはこの世の愛と光の存在です。たくさんこの世を照らしてくれてありがとう。ゆっくりと笑顔で眠ってね。

あの世にあなたが光として戻ってくるのを待っています。

天国の母より

先生、お久しぶりです。

苦しくて楽しかった3年間のあと、
いろいろな経験をして
今こうして生きて
また先生に話を聞いてもらっているのは
なんだか信じられないような
すごいことな気がしています。
「あるべくしてある」
「なるべくしてなる」
と先生がよくそう言って
はげましていた言葉。
苦しい時にも
幸せな時にも
自分を支えていくのだろうと思います。
あなたに会えてよかった。
あなたと音楽できたこと
幸せなことでした。
私はこれからもきっと大丈夫です。
どうか安心してゆっくりお休みください。
ありがとうございます。

来世の自分から

今世お疲れ様でした。おめでとう!!本当に充実した人生でしたね。
沢山の人に囲まれて　沢山の人に愛されて　愛されて愛した幸せな人生でしたね。
みーちゃんは、とっても頑張り屋さんで
10代、20代、30代と、沢山辛いこともあったけど
いつも前向きに頑張って生きてきましたね。
えらい！えらい！
年をとればとるほど自由になって
生きやすくなってきたよね。
あなたがいると場がとっても明るくなるし
楽しくて笑いが生まれるって
みんなとっても喜んでいますよ。　よかったねー
ささやかだけど人を幸せにできるあなたのその生き方を
誇りに思います。
あなたは好奇心が旺盛だから
人の2倍も3倍もいろんな経験をしましたね。
あなたはいつも
「もっとこの生きてる自分に様々な経験をさせてあげたい」
といっぱいチャレンジしてきました。
どうです？　満足でしょう。本当に幸せな人生。
さあ、そのバトンをもらって私は次の人生で何しようかしら。
ワクワクです！　いのちいっぱい生きてくれてありがとう。

面白くなかったら怒るよ!!

一緒に老人ホーム入るって約束してたのに、先に死んじゃったね。
Yが東京わざわざお相撲見に行ってたのに
チケットが取れなくて、、、それもあなたらしいね!

まだ他もいろいろあって、全部覚えてるよ!
今後はこういう笑い話、ツッコミ話ができなくなって、
ずっと昔のできごとしか話せなくなったね。

残る私たちは寂しいけど、先に違う世界であばれといて、
また皆が爆笑だったり、怒ったりすることしといてな!
今度会う時に、新しい物語聞きたいから、
面白くなかったら怒るよ!!

We will miss you, and see you soon!

本当はめちゃくちゃ嬉しかった。

お父さん
たくさんの愛情と笑顔をありがとう。

若いころはとても厳しくて顔を合わせるといつも険しい顔をしていたので面と向かって話をする事も出来なかった。

でも50才で転職してからは人が変わった様に優しく接してくれるようになった。そのおかげで、少しずつ話出来るようになりました。本当は、ぼく達のことを愛してくれてたから厳しく接していたんだね。

兄と弟に知的障害があるから僕にいろんな負担にならないようにもしてくれました。僕が就職して間もない時の5月にも時間が無いのに東京に来てくれて
「長男や三男の将来は気にしなくても良い。自分のやりたい事に突き進んで良いんだよ」

「今はまだ夢を持たなくていい。まだ就職したばかりでこれからたくさんの出会いを通して、夢を見つけなさい」

って言ってくれましたね。

あの時は言えなかったけど本当にめちゃくちゃ嬉しかったんだよ。

まだ夢は見つかってないけどお父さんの様に、家族を一番に考え愛情いっぱい、注いでいきます。相変わらず上手く表現は出来てないけどお母さんと兄・弟の事は心配しないで大丈夫だからね。

いままで本当にありがとう。

天国でもお元気で!

「私のこと、見つけて抱っこしてくれてありがとう。」

Mama.長い人生お疲れ様でした。生後2か月でMamaと出会った時、私たち、一目で惹かれあったね。Mamaの手の中に抱っこされた時のこと今でも覚えてるよ。

「あー、この人と一緒になるんだー」って嬉しかったよ。

朝も昼も夜もずーっと一緒だったよね。足の骨がポッキリ折れた時はものすごく痛かったけどMamaの胸に飛び込んでいった…

お散歩はあんまり好きじゃなかったから少し歩いたら座りこんで抱っこして歩いてもらったね。ご飯も食べたり食べなかったり小食で心配させたよね。糖尿病ってDrに言われた時は2人で泣いたね。

毎日朝・夕のインスリン注射、Mama辛かったよね。私が痛がるからごめんねーって泣きながら打ってくれたよね。

痛かったけど、嬉しかったよ。最後の一週間は体辛かったけれど、今までで一番一緒にいる時間が長かったかもね。

体全部痛かったんだ…でもいっぱいさすってくれてありがとう。伝えたいことといっぱいあるけど、もう体も痛くないからいいことしか思い出せないよ。

Mamaと出会えて嬉しかったよ。Nu幸せだったよ。

「私のこと、見つけて抱っこしてくれてありがとう。」

また明日から一緒だね!!

天国でも自己ベスト目指して頑張ってください

ついこの前まで普通に元気に働いて、テレビ見たりしてたのに急にいなくなってしまって悲しいです。

でもパパは苦しむこともなくてよかったかもしれないですね。

いつも仕事で休みの日はずっとランニングで走ってばかりだったから少し止まって休むことができますね。

もっとサッカーを一緒にしたり、サッカーの試合を見に行ったりしたかったけど、これからは自分でできるように頑張るよ。

天国でもマラソン大会があるなら、自己ベスト目指して走っていてください。

僕も常にベスト目指して生きていきます。

これからも僕たちを見守ってください。

ジェットコースター横の同席者に選んでくれてありがとう

九州の田舎で育った私は就職で東京に出てきてすぐにYと付き合い、結婚した。それから今日まで人生を共に歩んできた。

正直言って途中何度も相手選びを間違えたと思うことがあった。

家事もしないし、仕事もすぐ辞める。

ただ一方で、ヒヤヒヤ、ワクワク、いっしょにジェットコースターに乗っているような感覚でもあった。

今は自信を持って言える。私の選択は正しかった。

君のおかげで人生は楽しく、豊かなものとなった。
Y、ジェットコースター横の同席者として選んでくれてありがとう!

太陽のように明るく、月のように優しく

お母さん、今まで本当によく頑張って走り続けてきたなと尊敬します。19才で母となり、女１人で子供を育てるのは大変なことも多かったと思うけど、それでもいつも笑顔で寄り添ってくれたことは本当に感謝の気持ちです。

僕が不登校になった時、お母さんが受け入れ、考え方を変えることで、自分の居場所を守り続けてもらったと感じています。僕の姿から"自分らしく生きること"を教えてくれたと言ってくれたこと、嬉しかったし、自分の人生をまるごと受けとめてもらえたように思っています。

自分で働く場所を変え、やりたいことに向かって夢を追う姿は本当にキラキラしていてかっこよかったよ。

お母さんの周りには大切な友達や、仲間がたくさんいて、いつもにぎやかで楽しそうだったね。だから離れていても安心していました。

今まで人の心や苦しみに寄り添ってきたから、救われた人がたくさんいると思います。

今日も本当にたくさんの人がお母さんの顔を見に来てくれたよ。お母さんが幸せそうに笑っている姿が僕は何より好きだったよ。きっと太陽のように明るく、月のように優しく、これからも空から見守っていてくれるから、さびしくないよ。

本当にありがとう。

今日までお疲れ様でした。また会おうね。

宇宙一大好きなお母さんへ

娘から母へ
お母さん、お疲れ様でした。

お母さんが亡くなったのは、今でも信じられません。

昨夜まで笑顔でいつものように「おやすみ!」って言って
朝起きると、スヤスヤと眠るように、天国に旅立つなんて。

お母さんがそばに居ないのは寂しいけれど、お母さんがいつも
「真由はそのままでいいんだよ」

「真由らしく生きていいんだよ」

と言ってくれた言葉を大切に
自分を大切に　周りの人を大切に　生きるね。

24歳の頃、私がうつ病になった時、お母さんにいっぱい八つ当たりをしてごめんね。それでも、いつも、ただただ話を聴いて、受け止めてくれたこと。

「死にたい」

「私なんて死んだらいいんだ」

って言ったときギュッて抱きしめてくれて、叱ってくれたこと、忘れないよ。

お母さんの深い深い「愛」忘れません。

これからは、命を大切に　大切な人を大切にして　生きます。

お母さん、私のお母さんでいてくれてありがとう!

天国でも笑顔で、見守っていてね。

宇宙一大好きなお母さんへ。

棺桶に入ると、もっと生きたくなる

グループでワークショップに参加されている場合は、弔辞を読み終えた後、ファシリテーターから「故人はどんな方でしたか？」とお聞きしています。

「彼女は、とても友達思いで、私がつらいときに駆けつけてくれたんです」

「彼は仕事ができて、職場でもみんなに一目置かれています。この間も彼のアイデアから生まれた商品がヒットして・・・」

「一緒に旅行すると楽しくて、夜中までずっとしゃべりっぱなしでした」

そこには、棺桶で眠る友人や家族を思う温かい言葉が溢れます。

先日も仲良し8人グループの女性たちが、一人ずつ入棺体験をされましたが、最初から最後までずっと涙、涙でした。

仲がよいからこそ、普段は言えない感謝の気持ちをお互いに言葉にしたり、「こんなことがあったよね」という思い出話が次々に出てきたりして、聞いている私まで胸が熱くなりました。

そして、皆「生きているうちにもっとたくさん会っておこう」と口を揃えていました。

仲のよいご夫婦で「ありがとう」と伝え合う方もいれば、一人で参加された方の中には、棺桶から出た途端に、「私、離婚しようと決意しました！」と言った人もいます。

（もちろん、「責任はもてませんよ！」とお伝えしましたが（笑））

私たちは忙しい毎日を過ごしていると、何か理由をつけてやりたいことを先延ばしにしがちです。

「落ち着いたら会おう」

「そのうち連絡があるだろう」

などと考えて、友人や離れて住む家族と何年も会わないままになってしまうこともあります。

「いつか決断しなければ」

と思っていても、なかなか踏ん切りがつかず、「まあいいいか」と流してしまっていることもあるかもしれません。

棺桶の中で、そんな自分に気づけたら、明日からの人生がよりよく生きられるのではないでしょうか。

また、この入棺体験を通して「自己肯定感が上がった！」という人もとても多いです。デザインされた棺桶に横たわり花を手向けられた姿に「かわいい」「綺麗！」「お人形さんみたい」と声をかけられたり、蓋が閉まった後で自分の人生の肯定的なエピソードを聴く体験はとても貴重です。

普段、私たちは人に褒められる体験が非常に少なく、自分自身を肯定する機会があまりないかもしれません。この入棺体験ワークショップを体験し「自己肯定感爆上がり！」と表現された方がいました。棺桶に入る意味づけは人それぞれですが、このようにセルフケアとしての機能もあると思います。

ちょっと心が疲れたとき、人生に悩んだとき、ぜひ、めめんともりに来て棺桶に入ってみてはいかがでしょうか？

Column

遺言書を書いていますか？

私が全国各地で終活セミナーを行う時に、必ず聞く質問。

「遺言書を書いている方！」。

50人くらいの会場でも、手が上がるのは、2~3人といったところでしょうか。めめんともりに来られるお客様でも、書いている方は非常に稀です。

日本財団が行った2022年の調査[※1]によると、60歳~79歳で遺言書をすでに作成している人は3・4％（自筆証書遺言が2・1％、公正証書遺言が1・3％）とのことなので、やはり実態は、ほとんどの方が遺言書を書いていないといえます。欧米諸国では、遺言書作成率は30％を超えており、特にアメリカでは50％を越えるともいわれていますが、なぜ日本では遺言書を書く人が少ないのでしょうか？

理由の一つとして、遺言書が「死」を連想させるため、縁起が悪いと考える文化的背景があるかもしれません。多くの人が「自分にはまだ早い」「家族がなんとかしてくれる」と楽観視しているように思います。さらに、手続きが複雑で時間がかかる、そもそも遺言書はお金持ちだけに関係することであると誤解している場合もあります。

しかし、遺産分配に関するトラブルの8割は資産総額5000万円以下のごく普通の家で起こっているという事実があります。私は本編の最終章でも詳しく述べますが、母の死後、祖父母の財産を巡って親族との相続トラブルに巻き込まれてつらい思いをした経験があります。ですから、できるだけ多くの人に、遺言書について正しい知識を持っていただき、準備をしていただきたいと思っているのです。

特に以下のような状況に当てはまる方は、遺言書を書くことを強くお勧めします。

- 子どもがいない場合
- 再婚をしている場合
- 家業や会社を持っている場合
- 不動産を持っている場合
- 特定の人や団体に寄付をしたい場合
- 遺産の分配に家族間で意見が割れる可能性がある場合

遺言書を書く方法

遺言書には主に「自筆証書遺言」と「公正証書遺言」の2種類があります。

自筆証書遺言

自筆証書遺言は、遺言者本人が全て手書きで作成する形式です。比較的簡単に作成できる一方で、法律に定められた形式に沿わない場合は無効になるリスクがあります。2020年の法改正により、法務局で保管することで紛失や改ざんを防ぐことが可能になりました。

自筆証書遺言を作成するだけであれば基本的に費用はかかりません。ただし、法務局での保管には1通あたり3900円の手数料が必要です。

公正証書遺言

公正証書遺言は、公証役場で公証人に作成してもらう形式です。作成には証人が2名必要ですが、法律の専門家が関わるため、形式的なミスがなく確実性が高いのが特徴です。また、原本が公証役場に保管されるため、安全性も高まります。

費用は遺産の総額によって異なりますが、例えば遺産が1000万円の場合、公証人手数料は約5万円程度になります。これに加え、証人2名への謝礼が必要な場合もあります。

遺言書の保管とその後

遺言書を保管する方法としては、家庭内での保管、信頼できる弁護士や行政書士に依頼する、または法務局での保管があります。法務局での保管制度は特に安心感があり、家族に見つからないようにしたい場合にも適しています。

実際に遺言者が亡くなった場合、遺言書の内容に基づいて遺産分割が行われます。ただし、自筆証書遺言の場合は家庭裁判所での検認手続きが必要です。一方、公正証書遺言では検認が不要なため、速やかに手続きが進められます。

デジタル遺言書について

日本政府では現在「デジタル遺言制度」の創設が検討されています。これは、自筆証書遺言を「すべて手書き」で書かなければならないという現行の制度が、時代に合わなくなっているからです。今後、最新のデジタル技術を活用して遺言書が作成できるようになると、遺言書作成のハードルがさらに下がり、もっと気軽に遺言書を書く人が増えるのではないかと期待しています。[※2]

遺言書は、「大切な人への最期のラブレター」だと私は考えています。

遺言書には、法律的な内容だけでなく、家族や大切な人々へのメッセージを「付言事項」として記載することができます。実はこの部分こそが最も重要と言っても過言ではありません。思い出を振り返り、言葉にすることで、遺言者自身も新たな気持ちで人生を見つめ直すことができるでしょう。遺言書を作成する際には、このようなメッセージをぜひ付け加えてみてください。

※1　日本財団「遺言・遺贈に関する意識・実態把握調査 要約版」
https://www.nippon-foundation.or.jp/wp-content/uploads/2022/12/new_pr_20230105_01.pdf

※2　法務省「法制審議会—民法（遺言関係）部会」デジタル遺言書の審議
https://www.moj.go.jp/shingi1/housei02_003007_00009

第4章

死に対するイメージ、少し変えてみませんか？

4章、5章では実際にめめんともりを一緒に作っている仲間や、1日ママとして運営に参加したことのある方に話を聞いてみました。

それぞれの方々が考えている死生観を知ることで、人生の最期は「人それぞれ」ということをより理解しやすくなると思いますし、人生の終わりをイメージすることへの意識も変わるかもしれません。

まず4章ではめめんともりの立ち上げから一緒に伴走し、お店を創り上げた後は、チーママとしてカウンターに立っている布施美佳子さん（通称みけらさん）にお話を聞きました。布施さんはアパレルブランドのデザイナーや玩具メーカーの商品企画を経て、「GRAVE TOKYO」という葬送ブランドを立ち上げ、ここ数年はオリジナルデザインの棺桶を制作しています。

めめんともりには、布施さんの創り出す独特の世界観の棺桶や葬具が飾られており、その明るくポップなデザインは、一般的な死や葬送のイメージとは大きく違っています。

布施さんは2023年、自身の50歳のお誕生日にホテルの披露宴会場を貸し切って盛大な「生前葬」を開催しました。

子どもの頃から希死念慮を抱えていたという布施さんにとって、死は絶対的に「自分のもの」であり、この生前葬を企画／実施した経験を通じて、彼女はさらに「自分らしい葬送」への強い想いと探求を深めているように感じます。

自分らしい最期を大切に

布施美佳子（ふせ　みかこ）
GRAVE TOKYO　代表
1973年秋田県出身。文化服装学院アパレルデザイン科卒業。
アパレルブランドのデザイナー、玩具メーカーの商品企画開発を経て、2015年に葬儀ブランド「GRAVE TOKYO」を立ち上げ。
「人生の最期にこそ夢と希望と喜びを」をコンセプトに、自分らしい最期を送るためのポップでカラフルでオリジナリティあふれる棺桶や葬送グッズをデザイン、製作している。

友人を亡くした経験から、骨壺ブランドの立ち上げへ

村田 私たちがはじめて出会った頃、みけらさんは棺桶ではなく骨壺を作っていたんですよね。

布施 そうそう。会社員時代に立ち上げた新規事業の一つが骨壺ブランドでした。私、20代前半から20数人以上の友人や先輩、後輩を亡くしていて、同年代の他の人に比べて圧倒的に若い人の葬儀に参列する機会が多かったんですよね。私がもともとアパレルのデザイナーだったこともあって、亡くなった人の中にはオシャレな人とか個性的な人が多かったんですが、その葬儀に行くたびに生前の故人の生き様が一切見えない葬儀になっていることに強いショックを受けて、「私も今死んだらこうなっちゃうんだな」という思いが生まれたのがそもそものきっかけだったと思います。

村田 今でこそ「終活」という言葉があるけど、当時は「自分らしい葬儀」なんて考える人はあまりいなかったかもしれませんね。

布施　若い人が亡くなるとご両親が喪主になることが多いけど、いくら親であっても、離れて暮らしていたりすると子どものことってほとんど知らないですよね。自分に置き換えて考えると、例えば「昨日私が何を食べた」とかもＳＮＳを通じて友人の方が知ってたりする。私が何色が好きとか、どういうブランドが好きとか、今どういうものにハマっているかっていうのは圧倒的に友人の方が詳しいんですよね。

でも、特にコロナ以降は、家族葬がメインになってきて、友人という存在がないがしろにされている気がします。

村田　確かにそうですね。親は自分のことを知らないし、逆に、親の交友関係も私たちはあんまり知らないですよね。家族以外にお別れしたい人って必ずいるはずなのですが。

ところで、はじめて私がみけらさんに出会ったのは２０１５年の「エンディング産業展※」でした。私はそのときは散骨事業で出展していて、空いた時間にふらっと会場を見に行ったら、「なんだこれ!?」みたいな（笑）。

布施 もう10年前ですね。「アパレルブランド？」「骨壷は香水瓶？」ってみんなから質問されるような、まったく葬儀業界っぽくないブースを作って、いろいろなメディアにも取り上げられて、反響もすごく大きかったです。
サンプルとして作ったキャラクターの骨壷は、小さいお子様を亡くされた親御さんたちから「こういう商品を待っていました」とたくさんお手紙やお電話をいただいたりしましたね。

村田 その頃、ちょうど私もブルーオーシャンカフェをオープンさせる時期だったのですが、みけらさんのブースを見て「業界を変える人がいる！」と感じました。

布施 お客様からの声もそうですが、ますみさんをはじめ、同業他社の女性がたくさん来てくれて「私はこれがいい」「こういうものがいい」っていうのを、生の声で聞けてすごくワクワクしました。
それで「この事業にはやっぱりやるべき意味と意義がある」と感じて、すごく燃えていたんですが、会社の方針変更でそれまで推進していた事業を全部やめるように言われてしまい…。その後、何年かは会社の中でもう一度立ち上げようと思って動いてみましたが、なかなか難しそうだったので、コロナ禍が明けた2021年にセカンドキャリア支援制度を利用して退職し、ブランドごと譲渡してもらって一人でリスタートすることにしたのです。

自分らしい棺桶で最期を迎えるということ

村田 そこから精力的に棺桶を作り始めましたね。

布施 そう、骨壺から棺桶への転向。コロナ禍で「墓じまい」も急速に加速して、お墓の在り方が変わっていく中で、お骨を入れる器って、実は骨壺として作られてないものでもいいんじゃないかって思ったんですよね。バカラのクリスタルでも、グッチのキャンドルの器でも、素敵、これに入りたいと思えればそれでいいのでは、と。

それで、まだデザインが入っていない葬儀具は何だろうと考えたときに、棺桶にたどり着いた。最初は外部委託する方法もあるかなと思っていたんですが、自分で作ってみたら、ことのほか楽しかったんですよね。それで、1から全部自分で作り上げるスタイルになりました。

村田 棺桶を作るために学校にも通ってましたよね。すごいなぁと思いました。

布施 はじめは棺桶に壁紙クロスを貼っていたんですが、これが結構難しくて…。住宅内外装の学校に半年通って、壁紙の貼り方を教えてもらいました。実際、今は棺桶には紙ではなくて布を貼ることが多くなったんですが、それでもやっぱりそのときに学んだことが役に立っていますね。

村田 その身につけたスキルでめめんともりの壁紙も貼ってもらいました。めめんともりは、みけらさんのブランド「GRAVE TOKYO」のショールームも兼ねていますが、先日は飾っている棺桶を「自分へのお誕生日プレゼントに」と買う方がいらっしゃいましたよね。それ以外にも棺桶のオーダーをいただく機会が増えてきました。

布施 私が作っているのは基本的に制作者である私が「入りたい」「欲しい」と思うデ

ザインですが、お客様のオーダーの場合は、亡くなった方の好みに合わせて、猫柄とかスイーツ柄とかみつばちの柄とか、色も柄もさまざまですね。素材もウールやファーも使える。以前は10日くらいかけて作っていましたが、今は最短２日で作れるので、亡くなった後にオーダーされても間に合うようになりました。

可愛い棺桶から「死」を考える

村田 ラフォーレ原宿や横浜ビブレでのポップアップストアも大盛況でしたね。若い子たちが死について考えるきっかけになったのでは？

布施 ファッションビルに来るのは10代、20代の子で、オシャレが好きで、実際にオシャレな子が多いですが、そういう子たちが「何これ？　かわいい！　私も入りたい」「私も死ぬときはこれがいい！」ってみんな同じことを言うんですよね。彼女たちの年代だと葬儀や葬儀具、棺桶って一番縁がないはずなんですが、〝かわいい〟っていうだけで、いきなり「自分ごと」になるんだっていうのをすごく実感しましたね。ラフォーレ原宿では入棺体験もやりましたが、若い子だけではなく、海外からの観光客の方もたくさん入っていただいて、SNS効果もあってどんどん広がっていきました。

棺桶に入ることで、死について考えて、棺桶の蓋が開くとともにリフレッシュできると言う人が多いですね。中には自殺願望のある子や、心を病んでいる子もいますが、棺桶に入るとすごくスッキリして、「死にたくなったら、また来ます」って言ってくれたり。

私、入棺体験自体に〝死にたい要求〟を昇華させる効果があると思っているんですよね。だから、ブランドの裏テーマとしては、〝若い子の自殺を減らしたい〟というのもあります。

2024年の10月からは「見て、来て、さわって、買える葬儀具展」という催事イベントを高崎オーパで始めたんですが、これを日本全国で開催していきたいというのが今後の展望の一つです。

生前葬が今後の人生を生きる糧に

村田　みけらさんといえば、昨年の生前葬の話をしないと。あれは本当によい会でした。

布施　私はもともと長生きしたくないと思っていて、最初は27歳ぐらいで死ねればいいなと思っていたんですが、まあなかなか死ねなくて…。それで次は50歳くらいかなと思っていたんですよね。でも50が目前に迫っても、やっぱりまだ死ななさそうだな、と(笑)。
とはいえ、もし人生が100年あるとしたら、これからまた同じだけ生きていくのってしんどいなと思ったんです。だから、残りの人生を生きていくために50歳で一度リセットしたくて生前葬のことをここ数年考えていました。
会場探しもちょっと苦労しましたが、私のアトリエから近いホテルにお願いしたところ、心よく受け入れていただいて、そちらのホテルの披露宴会場で開催しました。

村田　たくさん人が集まりましたね。

布施　120名。行きたいと言ってくれた人をそのまま招待して、全員に弔辞を読んでもらいました。

村田　その間2時間半、みけらさんは棺桶に入ったままで…。

布施　「生き返る」という実感は棺桶に入っている時間に比例するかもしれない。生前葬のときは2時間半も死んでいたのでかなり〝生き返った感〟がありました（笑）

村田　今振り返って、生前葬をした感想はどうですか？

布施　とにかくやってよかったです。自分の心が広くなったというのが一番大きい変化かな。ますみさんは知っていると思うけど、私は少し家族と縁が薄かったんですが、生前葬を経て、「自分が折れる」ということを知ったというか。親の方が先が短いと思うと、今自分が折れて歩み寄ることで関係が変えられるのなら、自分が変わるべきだなと思うようになりました。
あとは、当時中学2年生だった娘が私の生前葬に参列したのを機に反抗期が終わり、そこからなぜかまた私にベッタリになりました。それまでは超絶反抗期だったんですが（笑）。

今は一番いい関係かもしれません。

村田 娘ちゃん、当日の準備から一緒に手伝っていましたね。どういう心境の変化だったのかな？

布施 うちの娘にとって、私って単なる口うるさいクソババアだったんですよ（笑）。でも、生前葬でそのクソババアの社会での姿を120人分聞かされたというのは大きかったと思います。
例えば親が亡くなると、会社の人や友人が「あなたのお父さんはこんな人だったよ」と教えてくれることがありますよね。でもそれってもっと早く知っておけば、親ともっといろいろな話ができたのに、と思うでしょ？　だから生前葬でそれを聞けるっていうのが、一番いいところではないかと。
生前葬では「いつも家だと仏頂面のお父さんが、友達といるとこんなに笑うのか」「冗談言って笑ってるお母さんなんか初めて見た」というように、家族にとって知らない顔を目の前で見ることもあると思います。家族にとってはショックもあるかもしれないけど、亡くなった後に知るよりは、生きてるうちに知った方がいいですよね。

村田 これから生前葬はもっと増えていきそうですね。

布施 参列してくれた方からも「生前葬のこと、会社の朝礼で言いました」とか、「会う人会う人に生前葬のことを話しています」と言ってもらいましたし、周りでも生前葬をやりたいとか、やったっていう人も出てきています。この先5年ぐらいで一気に増えるんじゃないかな。

生前葬は今まで関わった人みんなに褒められる機会だと思うんですよね。お別れの言葉って、悪いこと言わないじゃないですか（笑）。120人に褒められるっていうのは、間違いなく人生で一番生きててよかったと思える日だったし、これからの生きる糧になりました。「人生の披露宴」といえるものだと思います。

村田 大人になって褒められる機会ってあんまり無いですからね。「自己肯定感爆上がり」と表現する人もいました。私とみけらさんは同い年ですが、私は55歳で生前葬をやろうかと思っています。50歳は過ぎてしまったので。というか、55歳は私の母が亡くなった年なので、何年も前からそこが人生の区切りだなと意識してるんですよね。

布施　いいですね。生前葬は1回やるとクセになりますよ。私は10年おきにやりたい気持ちもあります。あとは逆説的なんですが、実際の葬儀の大切さもすごく感じるようになってきました。「生前葬をやったから、本当の葬儀のときは何もやらないの？」って聞かれることもあるんですが、私は80歳より前に死ぬのなら絶対に家族葬ではなく、一般葬でお願いしたいなと思っています。

自分の葬儀は誰のものなのか？

布施　家族葬が一般化しつつある現代にあって、私が一般葬を希望する理由に、「自分の死は、自分のものでありたい」「自分の葬儀は、自分のものでありたい」という強い気持ちがあるんですよね。だから他の誰にも、邪魔されたくないというか。いじられたくないと思っています。あくまで私の場合はですよ。

生前葬の準備をしているときに、「今死んだら理想の葬儀ができる」と思ったんですよね。自分で葬儀の準備ができるっていうのはすごくいいなと思ったし、それとともに葬儀の大切さというか意味を改めて感じるようになりました。一般葬で、関わりのある人に広く葬儀に参列してもらう意味って、家族だけでなく、親しい人たち皆で悲しみを分かち合うところにもありますよね。

村田 私が前に作った会社では「お別れ会事業」というのをやっていて、生前に全部自分で用意している人もいましたね。乾杯の発声のビデオを撮っておいて、「皆さん、私のお別れ会に来てくれてありがとう。じゃあ乾杯！」みたいな映像を流したり。明るい感じのお別れ会になって、すごくいいなと思いました。そういうことも今後増えていきそうですよね。

布施 自分の葬儀やお別れ会をプロデュースしたくなるっていう人は増えるでしょうね。
でも、一方で「死は自分のものではない」という考えもあります。めめんともりの付箋に書いている人も何人かいるけど、「自分の死は遺された人に任せる」「自分がこうしたい、ああしたいというのは言わない」という考えの人もいます。ポップアップストアにいらっしゃったお客様でも、すごくオシャレで、話を聞くと優秀な息子さんが二人いて素敵な旦那様がいて、お家も車もあって…でも自分の最期は何にもしてほしくない、お金もかけてほしくない、何なら段ボール箱に入れてくれればいい、みたいなことをおっしゃる方がいたんですよね。要は自分の希望なんて何もない、お金も時間もかけてほしくない。残された家族が一番楽な方法でいいって…。

村田 でも「お金も時間もかけてほしくない」っていうのは、ある意味、それはそれでその人の希望ともいえますよね。家族に伝えられていればだけど…。実は私もわりとそちら派というか、自分の最期は子どもたちが好きなようにしてくれればいいと思っているんですよね。子どもたちがたくさん人を呼んで派手にしたければそれでもいいし、あんまり自分がこうしたいっていうのは、私はないかな。みけらさんとは真逆なんですが。今の80代、90代の高齢者と話すと、「もう葬式はやらなくていいよ」みたいに言う人が多いんですよね。「長生きしてるだけで、下の世代に迷惑かけてるんだから」っていう話を聞いて、長生きすることに罪悪感を抱かせている社会ってどうなのよ、と思いましたね。

反対に今70代くらいの戦後生まれの人たちってあんまりそういうことは言わない気がします。やっぱり〝自分らしく〟っていう思いが強いのと、これまでのしきたりに縛られないっていう価値観を持っている人が戦後のベビーブーマーから下の世代には多いかも。その思いが終活にもきているような感じがします。

自分の最期をどうしたいのか、フランクに語り合える機会を作る

布施　終活をするなら、まずは生前葬をやってみるのもいいですよね。私、2022年には生前葬のリハーサルということで、昼10人、夜10人のプチ生前葬を行ったのですが、それもすごくよかったです。本当に人数とか規模とかは全然関係ないし、めめんともりでもできる入棺体験こそが一番小さい生前葬だと思っているんですよね。特別な人がやるんじゃなくて、誰でもどんな形であってもできるし。

村田　会費制にすれば普通の飲み会と一緒の感覚でできますよね。

布施　例えば私の周りだと、独身でずっと仕事をしてきた人たちって、だいたい50歳とか60歳あたりに大々的なパーティーをやることが多いんですが、それを生前葬にするのをおススメしたいと思っていて。
ただ、私はやっぱり生前葬には儀式性がほしくて、実際に棺桶に入ることによって変わるものが経験上すごく大きかったから、生前葬には棺があった方がいいと思っています。心が動く場っていうのが納棺式だったり、死んだ状態でいるってことだったりするんじゃないかなと。

村田　死生観とか、自分がどうしたいかっていうことをもっと家族や周りの人とフランクに話せるようになるといいですよね。終活っていっても、「結局自分はどうしたいのか」「どうしたくないのか」も含めて、せっかく考えていても家族とのコミュニケーションがなければ、伝わらないから。
みけらさんが、生前葬を通して自分が変わって、家族とのコミュニケーションが取りやすくなったっていうのはすごくいい話だと思っていて、子どもから親にコミュニケーションを取るのも大事だし、親側からも子どもに自分の思いを伝えていくことが必要なんでしょうね。

布施 家族に「自分の最期はこうしたい」という希望を伝えられていなかったり、お葬式などの準備をしていても使われなかったりしたら、死んでも死にきれないですからね。

※葬儀・埋葬・供養・相続などの終活産業に関する日本最大の専門展

Column

めめんともりに来る若者たち

めめんともりを開業してみて、一番意外だったのは、若いお客様がいらっしゃることです。

特に、SNSで情報を知って来てくださる20代から30代前半の平成生まれの方々と、カウンター越しに死生観について話をするのは、とても新鮮な体験でした。

インスタグラムでGRAVE TOKYOの可愛い棺を見て、絶対にこれに入りたい！と夜行バスに乗って地方からお店に来る若い子も複数いましたし、卒論や修士論文の研究テーマのためにリサーチやインタビューをさせて欲しいという学生さんも、一人や二人ではありませんでした。

GRAVE TOKYOのポップアップストアが感度の高い若者の集まるファッションビルで展開されていたことの影響もあるかもしれません。入棺体験のワークショップには、希死念慮や生きづらさを抱えている人が来て、棺に入ることで何か自分なりに意味づけをしようとする姿もしばしば見られました。カウンターでお酒を飲みながら、家族との関係のことなど少し深い話をしてくれる人もいました。

「終活」というと、高齢者向けの活動と考えられがちですが、死は若い世代にとってもとても大切なテーマです。なぜ今、若い人たちが、死に興味を持っているのでしょうか？

私はここ数年、アメリカの葬祭業界のコンベンションに毎年出かけていますが、2023年の秋にニューオーリンズで開催されたイベントの基調講演で、Z世代（Gen Z）が、死について他のすべての世代と全く違う価値観を持ち、できるだけ丁寧に美しく葬られることを希望する人が多いという話を聞きました。

Gen Zとは、1996年から2010年までに生まれた世代で、年齢でいうと現在の高校生から20代に当たる人たちです。[※1] 幼少期からインターネットに深く接続し、「本当の意味でのデジタルネイティブ」とされており、特にこれから社会の中心を担う世代と注目されています。

この世代が死に興味を持つ背景には、いくつかの要因がありますが、まず将来の不安が大きなテーマとなっています。他の世代と比較して最も悲観的な展望を持つ彼らは、COVID-19パンデミックによる教育の中断を経験し、地球温暖化や経済的不安といった世代共通の課題を抱えています。1日6時間以上スマートフォンを利用する彼らはSNSや動画サイトなどのデジタルコンテンツを通じて「人生の儚さ」や「死」について考えるきっかけが増えています。「自分がいなくなった後に残るものって何だろう?」と考えることが、自然と人生の終わりへの関心につながっているのかもしれません。

めめんともりに来る若者たちは、死への関心から、実は、今の自分をもっとよく知る手段を手に入れたいのかもしれません。例えば、自分が大切にしたいものや、どんな人間関係を築きたいかを考えることで、普段の生活がより意識的になり、選択肢がクリアになります。入棺体験のワークショップを受けた後で、「まだ死ねないと思った」「やりたいことが明確になった」という感想を伝えてくれたり、他の人と意見を交換することで、自分一人では気づけなかった新しい視点を得られた様子を見ていると、めめんともりは若い世代にとっても意義のある場所なのだと感じます。

終活は「死の準備」だけではなく、「生を豊かにする」ための活動です。若い世代にとっても、終活を通じて自分自身を知り、不安を軽減し、未来に向けての道を見つける手助けになれたらと思います。

※1 マッキンゼー・アンド・カンパニー「What is Gen Z?」 https://www.mckinsey.com/featured-insights/mckinsey-explainers/what-is-gen-z

第5章

めめんともり1日ママに死生観を聞いてみた！

めめんともりには、1日だけスナックのママを体験できる「1日ママ」制度がありま す。開業に先立ち行われたクラウドファンディングのリターンとしてこの「1日ママ」を募集したところ、37人の方が応募してくださいました。

1日ママの条件は、「終活に関する知見をお持ちの方」としましたが、実にさまざまな職業の方が集まりました。特に職業として多かったのは、看護師の方。また、尼僧さんも2名の方が応募してくださいました。

この章では、これまでめめんともりで「1日ママ」を経験した方の中から、特に社会的な活動をされている方々をピックアップし、お話を伺いました。

まずは、第1号「1日ママ」の一般社団法人「デスフェス」の共同代表市川望美さんと小野梨奈さんのお二人です。2024年4月に渋谷ヒカリエで開催されたイベント「Deathフェス」は、6日間で2000人を動員し、多くのメディアにも取り上げられ話題になりました。

私が身を置いている葬祭業界とはまったく関わりのない二人が、なぜこのような「死」をテーマにしたイベントを開催したのか？　イベント終了後も毎月第3火曜日にめめんともりのカウンターに立ち続けているお二人と、「Deathフェス2024」の振り返りやお互いの死生観について語り合いました。

多様な選択ができることで、死の捉え方が変わる

市川望美（いちかわ のぞみ）
一般社団法人デスフェス共同代表
非営利型株式会社Polaris　ファウンダー
社会デザイン学修士
日本ファンドレイジング協会　准認定ファンドレイザー

短大卒業後、IT系企業に入社。出産を機に退職。世田谷の子育て支援NPOを経て、2010年12月に内閣府地域社会雇用創造事業ビジネスプランコンペで採択され、非営利型株式会社Polarisを設立。多様な働き方が選択できる社会の実現に向けた事業を開始。2016年に代表を交代し、立教大学大学院21世紀社会デザイン研究科へ進学。実践と研究をつなぐ役割を担う。2023年には、より実験的なプロジェクトを推進する場として合同会社メーヴェを設立。2024年には『Deathフェス』を成功させ、その後、リビングラボfromDeathを立ち上げるなど、社会課題解決に向けた新たな文化と仕組みの創出に取り組んでいる。

小野梨奈（おの りな）
一般社団法人デスフェス共同代表
合同会社カレイドスタイル　代表

大学で宇宙地球物理学を専攻し　当時まだ発見されて間もなかった雷雲上で起こる発光現象「スプライト」の研究に打ち込む。大学院修了後、ITコンサルティング企業に入社。その後、働く女性向けWebメディアの運営会社に転職し、Web編集者として勤務。2006年に独立、2014年に合同会社カレイドスタイルを設立。サイエンスアウトリーチ事業支援や、女性経営者・フリーランス向けメディアの運営、コミュニティの運営など、女性の自立・多様な働き方の支援事業も手掛ける。2023年に、共同代表市川とともに『Deathフェス』を企画し、2024年3月に一般社団法人デスフェスを設立。並行して、日本での有機還元葬事業の実現に向けて、2025年に法人設立予定。

渋谷の真ん中で「Ｄｅａｔｈフェス」を開催

村田 私たちが出会ったのは2023年の夏ですよね。みけらさんのアトリエでやっていた入棺体験に、小野さんがお仲間と一緒に来てくれて。そのときに「今度Ｄｅａｔｈフェスっていうのをやろうと思っていて…」と聞かされて、「それは一体何？」という感じで（笑）。エンディング業界とは関わりのないお二人がこのような企画をされたことに驚きました。

小野 私と市川さんは長い付き合いなのですが、一昨年、長野県で仲間と一緒にワーケーションをしたときに、夜お酒を飲みながら「私は最近、有機還元葬※に興味がある。私は火葬せずに微生物によって分解されて堆肥になりたい」みたいな話をしたんですね。そうしたら、お酒の勢いもあってか、周りも含めてすごく面白がってくれたんです。

市川 「私は海がいいな」みたいな話をしてね。

小野 すごく盛り上がりましたよね。誰でもいつかは死ぬのだから死をタブー視するのではなく、「どんなふうに死を迎えたいか」とか、「死んだ後こうなったらいいな」などもっとカジュアルに話せてもいいよねという話になったんです。それで、いろいろな情報や選択肢を知ることができるようなフェスをやろうとなりました。死をテーマにして「Ｄｅａｔｈフェス」っていうのをやろうって、その日のうちに決めました。

市川 4月14日を「よい死の日」にして、「みんながその日に自分の生や死を考えるというムーブメントを作るんだ、渋谷から！」みたいになって。それで翌年の4月14日の曜日を調べたら、日曜日だったので、もうこれは来年やるしかないと(笑)。小野さんがすぐに企画書をまとめてくれました。

村田 渋谷ヒカリエといったら、渋谷のど真ん中ですよね。そこで死をテーマにイベントをするということが、まずすごい。「渋谷だから若い人が来るのかな」と思ったら、意外とシニアの方も来ていましたよね。私も初日に登壇させていただきましたが、普段の終活イベントとはまったく違う感じでした。

市川　「死×〇〇」というテーマでのトークセッションをしたり、ワークショップをしたり、あとはみけらさんに「Ｄｅａｔｈフェス棺」を作ってもらって入棺体験もしました。トータルで40個ぐらいのプログラムを行いました。めめんともりのような「Ｄｅａｔｈスナック」もやりましたね。

小野　様々な世代の方々がすすんで棺桶に入られたり、有機還元葬にも興味を持っていただけたりして。

市川　Ｄｅａｔｈスナックに参加された80歳くらいの女性は、はじめは「私は同年代の人と話したかったのに」って不満げで…。でも、最後はいろいろな人と話せて楽しくてよかったと言ってくれましたね。世代が違ってもそれぞれに等しく死についての思いがあるので、同じテーマで皆が混ざり合って話すのはスナックのよさだなと感じました。

村田　シニアの方たちも発想が柔軟でしたよね。

市川　「お墓に入りたくない」という人や、家制度に抵抗感のある人もいるし、どちらかというと女性の方が発想力があって、「他が選べるなら他を選びたいわ」という人が多い気がしました。男性は「死にたくない」という方向にいきがちというか…。決めつけるわけではないですが、男性と女性で感覚が少し違うかなというのは思いますね。今あるお墓に入ることに疑問を抱かないのは男性の方が多いですよね。

村田　でも、会場にいらっしゃった70代

後半の男性で「安楽死を国に認めさせたい」と熱く語っている方がいらっしゃいました。若いときに学生運動をされていたような方々の死生観も興味深いです。

家族を亡くしたとき、スナックの会話で心が癒されることも

村田 お二人はめめんともりの「1日ママ」の記念すべき第1号なんです。やってみてどうでしたか？

市川 「死にまつわる話をしてOK」という前提の中で、隣に座った人とカジュアルに話ができるというのがいいですよね。「死」は、普段の交際範囲の中では扱いにくいテーマですが、それを気にせずに話せるってとてもいいなと思います。セミナーのような場所だと緊張しちゃうし、何か学ばなければと思ってしまいますが、スナックという距離感がちょうどいいですよね。

小野 「死」は誰も経験していないので、何が正解とかってないと思うんです。そういう捉え方や考え方もあるんだとか、あっていいんだとか、話すといろいろな角度

から死を捉えることができるのがよかったです。

市川 私は父が去年急に亡くなったのですが、母がDeathスナックやめめんともりで自分の身に起きたことを聞いてもらう中で、心の整理をつけて、前に進む様子を見ているんです。だから家族や身近な人の死に直面したときとか、そういう気持ちを消化する上でも、こういう場があるといいなと思います。

専門家ではなく、普通の人に聞いてもらうことで癒されることもあると思うので、終活スナックはいろいろな場所にあってほしいです。

多様な選択ができることで、死の捉え方が変わる

村田 小野さんが実現を目指している有機還元葬は、アメリカのいくつかの州で合法化され、話題になっていますね。

小野 私はもともとお墓に入ることに抵抗があり、それ以外の方法を調べていたのですが、有機還元葬を知ったときに、自分の肉体はなくなっても、堆肥となって次の

新しい生につながっていく、という循環をイメージすることができ「これを選びたい！」と思ったんです。
それからは自分が死ぬことに対してあんまり怖くなくなった気がします。そこで今、有機還元葬を日本で実現するための法人を二人で立ち上げる準備を進めているところです。

市川 私は「海洋葬」という、骨ではなく亡骸をそのままの状態で海に沈めるという方法ができるようになってほしいと考えています。私にとっての死とは「次の世界線への移行」のようなもので…。ずっと続いてる命が違うところに行くという感覚です。今の自分も、たまたまこの私で生きていると思っていて…。前世を覚えているというわけではありませんが、つながっている命の中で、亡くなったらまたきっと違う命とか、違う世界線に行くんだなと思うので、終わりという感じではないですね。

村田 Ｄｅａｔｈフェスの会場で、死後自分のデータとＡＩなどを利用して復活させられることを望むか？という「死後デジタル労働」に関する問いにＹＥＳかＮＯのボタンを押すコーナーがありました。全体としては「NO」が多かったですが、市川さんは「YES」ですか？

市川 そうですね。「死んでまで働かされたくない」という、否定的な意見もありますが、私は肯定派です。私はセミナー講師やイベント登壇などのしゃべる仕事や、記事を書いたりすることもあるので、いろいろアーカイブが残ります。それらがAIを通してなんらかの価値を生み、例えば保護猫の活動に使われたり、自分の基金になって社会的な活動に活用してもらえたらいいなと思います。そう考えると肉体の死は訪れるけど、私という存在というのは続くかもしれないなという気がします。

村田 私もYESボタンを押しました。臓器提供に似た感覚かな。自分が死んでも誰かのお役に立てるのなら、という気持ちです。ただ、断固として「NO」と言う人たちの気持ちもわかります。

市川 日本では団塊世代が全員後期高齢者となる2025年が多死社会元年といわれて

いますが、そういった動きと合わせて、もっと新しい選択が広がればいいなと思っています。私たち団塊ジュニア世代の決断が日本に与えるインパクトって大きいと思うんですよね。だから、次の世代の人たちのためにもよい選択ができればいいですね。

※有機還元葬（堆肥葬）
遺体を微生物によって分解し、土に変える埋葬法。2019年に米ワシントン州で合法化され、スタートアップ企業を中心に実施されている（「Circular Economy Hub　WEBサイト　「究極の循環のあり方、有機還元葬（堆肥葬）が問いかける生と死の意味」」（URL: https://cehub.jp/report/recompose/）より引用。

Death
フェス
生も死もウェルビーイングに
WELL-BEING IN LIFE AND DEATH

次に紹介する「1日ママ」は尼僧さんです。

福島県猪苗代町にある真言宗豊山派のお寺の住職である松村妙仁さんは、1日ママの募集にいち早く手を挙げて、福島の美味しいお酒や特産品をたくさん抱えて泊まりがけでめめんともりに来てくださいました。

日本では8割のお葬式が仏式で行われているため、お坊さんはとても死に近い立場かもしれません。多くの人にとってお坊さんは、お葬式や法事にお経を上げに来てくれる人という感覚で、日常生活で接点を持つことはほとんど無いのではないでしょうか？


私自身は、仏教以外の宗教バックグラウンドの家庭で育ったため、この業界に入るまで、お坊さんと触れ合う経験がありませんでした。しかし、仕事がきっかけでさまざまな宗派のお坊さんと人間的なお付き合いをする中で、妙仁さんが仰るように、生きる知恵や哲学が詰まっているということを知りました。


また同時に、お坊さんも私たちと同じ「人」なのだということも感じました。

そもそも私がめめんともりで実現したいこと、「生きるを支え、人をつなぐ」ということは、実は本来ならば全国の寺院で行うことが期待される役割なのかもしれません。

お寺を地域コミュニティのハブにしたい、いざというときに頼れる僧侶でありたい、と積極的に人々と交流する場所に出ていき、さまざまなチャレンジを続ける妙仁さんの生の声を聞いてみてください。

心を緩めて死を考え、生を見つめる

松村　妙仁（まつむら　みょうにん）

真言宗豊山派 田子山 壽徳寺 住職

福島県猪苗代町出身。1976年生まれ。大学進学で上京。卒業後、音楽教室運営やコンサート・イベント企画運営会社に就職。

先代住職であった父の死や東日本大震災をきっかけに、福島に戻ることを決意し、仏門へ。いざというとき頼れるお寺、地域のハブとなるお寺を目指して活動中。

・ヘルシーテンプルファシリテーター
・終活カウンセラー
・一般社団法人リヴオン主催 僧侶のためのグリーフケア講座修了
・NPO法人仙台グリーフケア研究会主催
　グリーフケアの担い手養成講座修了
・社会福祉士

オンラインも活用し、対話を続ける

村田 私は妙仁さんのことを〝にんにん〟って呼んでいるので、ここから先も〝にんにん〟でいきますね。ブルーオーシャンカフェをやっていた頃に、にんにん含めお坊さんが何人か来てくださったのがはじめましてでしたよね。

妙仁 そうですよね。ちょうどその頃、仏教の教えを広めるための養成所に通っておりまして、その仲間と散骨についてお聞きするためにカフェに伺いました。

村田 その後コロナ禍でカフェを運営できなくなり、オンラインで「ブルーオーシャン法話カフェ」という企画を立ち上げたんですよね。にんにん含めお坊さん何人かに声をかけて法話と対話をオンラインで行うというプロジェクトでした。

妙仁 法話カフェは1年半くらいさせていただきましたよね。毎回皆さんと打ち合わせや本番前のリハーサルを重ねて時間をかけて準備しました。1回きりのイベントではなく、定期的な開催だったので、内容もメンバーの関係性も深まっていったかなと思います。

村田　コロナ以降もにんにんはオンラインをすごく活用されていて、全国の一般の人たちとの対話をずっと続けていらっしゃるんですよね。

妙仁　何人かの僧侶と一緒に「ヘルシーテンプルコミュニティ」という、心と身体の健康について発信するオンラインのプログラムを開催しています。毎朝7時から20分間、ストレッチや瞑想をしたり、法話も少しお話ししています。コロナ禍からほぼ毎日、全国各地のお寺から配信しています。今回の1日ママのときもこの会に参加されている皆さんがお越しくださいました。

お酒で心を緩めながら、心の内側を話せる場があるといい

村田　にんにんの1日ママは大盛況でしたよね。オンラインでいつも見ているにんにんにリアルで会えるということで、ファンの方が集まって、すごい熱気でした。にんにんは福島のお酒をいっぱい持ってきてくれましたね。

妙仁 僧侶はお寺に引きこもらず、街に出ていくことが大事だと思っておりますので、1日ママはとてもよい機会でした。

オンラインで話すのとはまた違いましたね。お酒を飲みながら、少し心がほぐれたところで、ご自身の心の悩みや思っていることを話していただき、皆さんいろいろ抱えながら生活されているのだなと感じました。

30代から50代くらいの方ですと、ご両親の介護のことや家庭の中のいろんな悩みごとを抱えていらっしゃいますし、お仕事の中でもある程度キャリアを積んで、責任あるお立場だったりするので、一歩立ち止まって自分の思いを安心して吐き出したり、お話しできる場が求められているのかなと思います。特に女性はお話ししてスッキリする方も多いと思います。

村田 私には宗教的なバックグラウンドとして仏教があるわけではないのですが、この世界に入っていろんなお坊さんと接するようになって、諸行無常とか一切皆苦とか、仏教の考え方がスッと入ってくる瞬間があるんですよね。だから日常的にもっとお坊さんと触れ合う機会があるといいなって思いますね。

妙仁 私はお寺で生まれてお寺でずっと育ちましたけれども、もともとは仏教のことなんて何も知りませんでした。でもいろんなご縁が巡り巡って、この道を選ぶことになり、仏教系の大学に入り直して勉強してみると、仏教は哲学だし、生きるための知恵がたくさん備わっているとわかったんです。

もし私が社会人をしているときに、このような視点を持っていたら、もっと会社や社会に対して何かできたのではないか、もっと周りの人とよい関わり方ができたのではないかと思うんです。

ですから、仏様の教えをわかりやすく身近に感じていただくことで、悩みを抱えている方や生きづらさを感じている方も、視野が広がり、少し楽に生きられるきっかけを作れたらと思います。

村田 にんにんは東京での会社員経験もあったりして、私たちにちょっと近いところもあるから皆さんの心に寄り添えるんだと思います。当日は10分くらいのミニ法話も用意していただいたんですよね。テーマは「五戒」ということで、仏教で守るべき戒めについて紙に書いて、一つずつ出してくださってわかりやすかったです。仏教には、「不飲酒《ふおんじゅ》」という戒めもあるんですよね。

妙仁　そうなんです。仏教ではお酒を飲んではいけないというルールがあるというお話もさせていただきました。ですが、単純にお酒はダメというだけでなく、私としてはお酒を飲みすぎず、酔いすぎず、心を少し緩めるアイテムとして付き合うのがよいと思っています。参加されている方の中にも、少しお酒を飲むことでよく眠れたり、気持ちがリラックスできるとおっしゃっている方もいました。
もちろんお寺での体験もしていただけたらうれしいですが、おいしい食事とお酒で、少し心を緩めて話をするという時間も大切かなと思います。

村田　こういう機会をきっかけにお寺を身近に感じてもらえるといいですね。

妙仁　本当にそうですね。入り口としてまずは私たちが街に出て行って、そこからまたお寺に来

ていただくきっかけになればいいなと思います。

お寺の本堂というのは仏様がいらっしゃる場所で、安心感と日常の空間とは異なる「場の力」があります。ハードルをゼロにするというわけにはいきませんが、なるべく低く、心のバリアフリーを大切にいつでも誰でも来ていただけるような工夫をしていきたいと思っています。

元々私がイベントやコンサートを企画運営する仕事をしていたので、いろいろな企画をすることが好きなんです。私の楽しみとしても仏教やお寺に興味を持っていただけるような企画を考えていきたいですね。

死を語ることで生きることを見つめる

村田 にんにんから見て、めめんともりのような場所で死を語ることってどう思われますか?

妙仁 誰もが生を受けたからには死という場面が待っているので、そのことについて触れる場、いろんな方の考えや思いをお話ししたり、感じたり、ときには違うなと思ったり、そういう場があるというのは大事だと思います。この世のお役目を終えてあちらに行くということを考えると、「今を精一杯生きなくてはいけないな」と思うきっかけにもなりますよね。

村田　にんにんは死についてどのように考えていらっしゃるのでしょうか？

妙仁　どうなのかは私もわからないところではあるのですが、私個人のイメージとしては、亡くなった後も違う世界があって、その世界は、生まれるところと根源でつながっていて、自然のような山のような海のような、穏やかで安らかな場所かなと。亡くなったら生まれたところに帰る、というようなイメージです。そして私たちこちら側の人間には見えないけれども、向こうからはこちら側の様子も見ることができる、そういう世界があるのかなと思っています。

お寺を通して地域のつながりを作る

村田　にんにんは社会福祉士の試験にも合格したんですよね。

妙仁　高齢者やひとり親家庭の子どもの支援のお手伝いをさせていただいているのですが、宗教者が行政や医療、介護などの業界に入り込んでいくというのはなかなか難しいというか、「お坊さんは出番じゃないです」みたいに言われることが多くてですね…。ですが、社会福祉士の資格を持っていることで関係性も広がってくるかなという思いがあります。

地域とのつながりを持つことで、お寺も地域コミュニティの場所の一つとして多業種、異業種の方と一緒に場を作っていけたらいいですよね。

村田　オンラインで全国とつながりながらも、地域での活動も大切にされているんですね。

妙仁　たとえば私の住む地域では、お葬式というと集落の人がお手伝いをして、地域みんなでお見送りするという風習がまだ残っています。時代の流れによってその絆も薄れていくかもしれませんが、災害やいろいろな緊急事態というのは今後も訪れる可能性はあると思うので、そのときにみんなで助け合える街になるためには、日頃からの付き合いが必要だと思っています。ですから、私も地域の中でつながりを作っていけるような一石を投じたいと思っています。

村田　にんにんのお寺に行ってみたいという方も多いのではないでしょうか？

妙仁　めめんともりにいらっしゃった方が、先日1泊でお寺に来てくださったんです。近くのグランピング施設に泊まっていただいて、お寺で写経をしたり、お話をしたり、あとはヨガの先生をお呼びして、一緒にヨガをしたり。そして福島のおいしいものを食べて過ごしていただきました。今度は福島のおいしいお酒とともに、皆さんと交流したいですね。

村田　なんと素敵な交流！　次回はぜひ私も参加したいです。めめんともりでもにんにんのことを待っている方がたくさんいるので、ぜひまた来てくださいね。

最後に登場していただくのは、「定年女子トーク®」というコミュニティを運営している石崎公子さんです。

「定年」と聞くと、定年退職を思い浮かべるかもしれません。会社勤めを続けてきた人たちは、50代を過ぎると定年後のセカンドライフがそろそろ気になり始めるのではないでしょうか？　男女雇用機会均等法が施行されたのは１９８６年。

実際に、均等法第一世代の大卒女性の方々は60代を迎え、定年退職を迎えつつあります。

しかし、石崎さんの定義する「定年女子」は、必ずしも定年退職を迎える女性を指しているわけではありません。働き続けてきた40代後半から60代のミドルエイジでこれまでの生き方や働き方のシフトチェンジを考える女性は、どんな働き方をしていても「定年女子」です。

そして、この年代で残りの人生を考えることは、多くの場合、人生の終わり方についても考えることにつながります。

「男性に比べて女性には定年後のロールモデルが無いですよね」と、1日ママを終えた直後の石崎さんに投げかけたことがあります。そのとき、彼女に「ますみさん、ロールモデルなんて、無い方がいいんですよ」と言われ、はっとしました。

確かに、モデルが無いからこそ、私たちは自由で多様な生き方や逝き方を選択できるんだ！ということに気づかされました。

逝き方に、いいも悪いも無い。めめんともりの壁一面に貼られている多種多様な逝き方の希望が書かれた付箋を眺めていると、改めてそう思います。

そして、私も石崎さんと同じように、自分の死生観は日々変わっていて、一言では語れないと感じています。石崎さんとの対談は、そんな揺らぐ私に「それでいいんだよ」と言ってもらえた気がしました。

〝ひとり死〟は怖くない

石崎公子（いしざき　きみこ）

定年女子トーク®実行委員会委員長。

広告代理店勤務（勤続25年）の頃から、人の「顔」に興味津々。それも、特別美人ではなくても年齢を重ねていく中でどんどん素敵になっていく「顔」。その究極が「遺影」だと考えたことがきっかけで、遺影のブログを書きはじめ、その読者からの呼びかけで終活の学びを進めるようになる。

今は、終活カウンセラーとして終活講座講師をしながら、高齢者マーケティングの仕事をしている。

遺影のブログをきっかけに終活業界へ

村田 公子さんに会うと「ますみさん、すごくいい顔をしてますね」とか「経営者の顔になってきましたね」とか、いつも顔のことをほめてくれますよね。

石崎 えらそうに、すみません（笑）

村田 公子さんは、遺影にまつわるブログから終活業界に入ったという珍しい経歴の持ち主なんですよね。

石崎 そうなんです。もともと私は人の顔の変化に興味があるんです。広告業界にいて、モデルさんや女優さんがカメラを向けられるとすごくいい顔に変わるという場面をよく見ていたんですよね。そのせいか歳とともに一般の人の顔がどう変わっていくかにも興味がありました。
そんなことを考えているうちに、結局、人にとって究極の顔って〝最期の顔〟だなと思うようになり、遺影に関心を持ったんです。当時は家族葬が主流ではなかったので、いろいろな人の遺影を見る機会があり、そういう時間に、穏やかな日々を過ごされていたのだろう、厳格な方だったのだろうと思いをはせることが多く、この方の遺影はよかったなとか、自分の感じたことをブログに書いていたんです。

村田 早い時期にエンディングノートの書き方について出版もされていました。

石崎 会社を辞めた後、2013年にエンディングノートを書く上での思いや心がまえについて一般人の目線で書きました。でも、それまで終活業界にはまったく縁がなかったので、エンディングノートに出てくる終活のさまざま、たとえば葬送や供養についてはいろいろな場に顔を出しながら現場で仕事をする人の話を聞き、勉強していったというのが正直なところです。ただ、その著作がきっかけで、個人の方の相談に乗ったりとか、自治体やお寺、企業などで、終活の話をする機会をいただくことになりました。

村田 終活関連のイベントでは、行くところ行くところで公子さんと顔を合わせますね。

石崎 会うたびに、ますみさんにいろいろな話を突っ込んで聞いていますよね。ますみさんが海洋散骨を推し進めていったときもその動きに興味があったし、終活カフェもどんなふうにやられているのか気になっていました。ますみさんは私にとって終活の師の一人であり、常に先をいっている方です。

「定年女子トーク®」は6000人を超えるコミュニティに

村田 公子さんが主宰されている「定年女子トーク®」というコミュニティも盛り上がっていますよね。どんな経緯でこのグループを作ることになったんですか？

石崎 私は50歳直前で25年勤めた広告代理店を退職したんです。退職するまでの約20年間、私は会社の中で最年長の女性社員だったので、長いこと女性の先輩がいなくて、このままこの会社で自分の将来ってどうなっていくのだろうと思ったんですよね。

ところが、外の世界に飛び出してみたら、世の中には同世代以上でも働いている女性や頑張っている女性がたくさんいるってわかったんです。でも社会全体から見れば、働き続けてきた女性はマイノリティ。だからそういう人たちがつながって情報交換できれば大きな力になるに違いないと思い、同じように考えていた仲間と一緒に作ったのが「定年女子トーク®実行委員会」です。当時はFacebookページで、定年に向けて役立ちそうな情報を細々と月に1回ぐらい発信をしていたのですが、そのうちにリアルのイベントもは

「定年女子トーク®公式サイト」（URL:https://teinenjoshi.com/）

じめて、コツコツ続けていたらいつの間にか大きなグループになっていました。今はSNSだけでなく、学びあいのフォーラムをリアル開催したり、毎月第2土曜日に「定年女子カフェ」という会をリアルとオンラインで開催したりしています。公開制のFacebookグループはいつの間にか6000人を超えていました。

村田 「定年」といっても会社の定年とは定義が違うんですよね？

石崎 そうです。これまで働き続けてきてこれからの生き方を考える40代後半～アラカン（Around還暦）の女性を「定年女子」と呼んでいます。私たちは定年を「自分の働き方や生き方のシフトチェンジ」と考えています。ですからフリーランスの人や早期退職した人、それから一生現役だと言っている女性もいます。定年やキャリアチェンジのタイミングというのは、終活までを見据えて人生を考えるのにも絶好のタイミングだと思いますね。

めめんともりは「定年女子」がこの先を考えるきっかけにも

村田 公子さんが1日ママをやってくださった日は、定年女子が集まって盛り上がりましたね。みんな働いてきた女性たちなので、とにかくパワフルな人が多かったです。終活だけじゃなくて恋バナとかもしてたし、エネルギーがすごいですね。

石崎 「定年女子カフェ」でも、皆さんめちゃくちゃよく喋るんですよ、話が止まらなくて、毎度「時間泥棒しちゃダメよ」って苦言を呈するくらい（笑）。ただ、めめんともりでは「終活」というテーマがあるので、いつもとは雰囲気が違いましたね。私も皆さんの話に引き込まれたり、突っ込んで聞きたくなってしまったりで、お酒をすすめるのが二の次になってしまい…。私にはスナックのママは向いてないと思ってしまいました（笑）

村田 私は公子さんはママに向いてると思いましたよ！お客さんの満足度も高かったと思います。私はそのときの参加者の方から散骨の相談を受けました。

石崎 自分の死に対してリアリティは持ってないけれど、「私は散骨」って決めているという人もいましたね。定年女子の中にはシングルやシングルマザーの人、結婚していても子どもがいない人が割合として多いんですよ。ですから、人に頼ることなく、自分がこれからどうやって生きていこうかって、もともと考えていらっしゃる人が多いと思います。でもそういった自分の思いとは別に親や家の問題も出てきて、それを話したいっていう人も結構いましたね。

1日ママをやってみて、改めていろいろな人と終活や死について話せる場があるってすごくいいなと思いました。スナックって常連が多くなりがちなイメージもありますが、めめんともりは初めて行った人も話しやすい場所であってほしいなと期待しています。

村田 ありがとうございます。そのために1日ママの制度をやっているというのもありますね。私やみけらさんだけでなく、いろいろな方にカウンターに立っていただくことで、その方のファンや、新しいお客さんが来てくださるので、日によってお店の雰囲気もガラッと変わっています。

どんな死も認められる世の中に

村田　終活関係のお仕事もされていますが、ご自身の死に対してはどう考えますか？

石崎　終活に関わる仕事をしたり、終末期医療や介護を勉強すればするほど、私の死生観は日々変わっていくんです。自分はこういうふうに死にたいということが一言では語りにくくなりました。とはいえ、やっぱり死ぬことは生きることだというのはいつも感じていますね。どのように生きるかが、そのまま死ぬときに出てくると確信しています。ですから、今日この一瞬を大事にしていくことが死生観のベースだと思っていますね。それに、定年女子トークをやっていてしみじみ思うのが、〝ひとり死〟は怖くないということですね。一般社会では〝孤独死〟などという言い方をしますけれど、私は孤独死とは言いたくないので、あえて〝ひとり死〟といいます。亡くなるときに家族が周りにいて泣いているとか、病院ではなく自宅に帰って亡くなるとか、そういったことが〝いいこと〟として語られることが多いですが、それだけがすべてではないという気がしているんです。「人間はひとりでも死ねる」「ひとりで死ぬことは可哀想ではない」という社会であるといいなと思っているんです。

村田 見守られて死にたいか、ひとりで死にたいかというのはめめんともりでもよくでる話題ですね。

石崎 最期は病気かもしれないし、ある日突然の心臓発作かもしれないし、あるいは認知症かもしれない。そこは自分では決められないですよね。だからこそ、どんな死に方でも認められる世の中であってほしいと思います。もし一人で亡くなったとしても、「きちんと死ねてよかったね」と言えるし、みんなに見守られて亡くなった人も、「見守られてよかったね」であるし。そこにはどう生きたか、生き切ったかが大きく関わってくるのではないでしょうか。めめんともりのような場でそういうことを話して、確認し合えるといいですよね。

村田 公子さんは、私以上に死ぬことや生きることを考えているんだなと思いました。私も公子さんの死生観に共感する部分が多いです。多様な価値観や死生観が受け入れられる世の中になってほしいですね。

Column

終活業界とはどんな職種の人たち？

めめんともりには、終活業界のお客様もたくさんいらっしゃっています。一般の方々と、そのような業界の方々がめめんともりのカウンターで出会い、専門家から直接お話を聞くことができるのも、この終活スナックの醍醐味だと思いますが、そもそも、終活業界とは、どのような業界で、どのような人たちが集まっているのでしょうか？

まず、「終活」という言葉が最初に使われたのは、２００９年、週刊朝日の「現代終活事情」という連載記事でした。就職活動の「就活」の文字を変えて生まれた造語は、２０１２年には流行語大賞にノミネートされ、終活ブームを巻き起こしました。

当初、週刊朝日の連載では、葬儀とお墓への備えが中心の話題でしたが、そこから派生して、人々が人生の最終章を安心して迎えられるようサポートするさまざまなサービスが「終活」に含まれていくようになりました。高齢化社会を突き進む日本では、「終活」産業は一つの大きなマーケットであり、多様なプレイヤーが存在しています。

ここでは、終活業界で活躍する主要な職種を業種ごとにご紹介します。

葬祭業

終活業界で最もイメージしやすい業種の一つ。葬儀をプロデュースする葬祭ディレクターのほか、ご遺体の処置をする納棺師やエンバーマー、火葬場のスタッフ、ご遺体搬送のドライバー、葬儀の食事を提供する料理屋さん、祭壇を作るお花屋さん、骨壷や棺などの葬具メーカーなど、一件の葬儀には多くの職種が関わっています。

墓地・霊園業

葬儀後のお骨を扱う職種。自治体や寺院が運営している墓地も、墓石屋さんが管理を任され、お墓の建立やメンテナンスを行います。樹木葬や納骨堂、海洋散骨など新しい埋葬方法に携わる職種の他、仏壇や手元供養のメーカーや販売店などもあります。

士業（法律の専門家）

弁護士・司法書士・税理士・行政書士という、いわゆる士業と呼ばれる法律の専門家は、特に終活では相続でお世話になる職種です。不動産の登記移転は司法書士、相続税の計算は税理士、とそれぞれ職種によって専門性があります。

金融業・保険業

ライフプランナーと呼ばれる保険業の方々は、まさに終活に携わる職種です。また、最近は銀行も積極的に終活のサービスを提供しています。

医療・介護職

人生の最終章でお世話になる医療や介護の業界にもたくさんの職種が含まれています。終末期を過ごす場所が、病院なのか自宅なのか介護施設なのか？　それによって関わる職種も変わってきます。医師、看護師、理学療法士、作業療法士、言語聴覚士、社会福祉士、介護福祉士、ケアマネージャーといった国家資格を持つ専門家が連携してケアに当たります。また最近は、看取り士といった看取りに特化した民間資格もあります。

宗教者

日本人の8割は仏式で葬儀を執り行うため、宗教者や寺院は終活と深く関わりがあります。宗教者の役割は、祭祀を取り扱うだけでなく、人々のスピリチュアルケアにも関わります。まさに、「生き方」の専門家といっても良いでしょう。

不動産業・遺品整理業

終活の大事な要素に「片付け」があります。家の中の片付け、そして、住んでいた家自体の片付けを担う職種も、多くの人の最期に携わる終活の専門家と言えます。

行政・社会福祉協議会

地域包括ケア※1という言葉をご存知でしょうか？　要介護になっても住み慣れた場所で最期まで自分らしい暮らしをするために地域で支えるという国の政策です。ますます増えるおひとり様の老後を支えるためには、民間だけでなく、地方自治体、地域包括支援センター、社会福祉協議会といった公的な機関で働く人たちの協力と連携が不可欠です。

こうしてみると、一人の人が人生を終えるためには、実に多くの職種の人たちに関わってもらう必要があることがわかります。天涯孤独のおひとり様だといっても、人は一人では死ねず、一人で生きることもできません。まずは、こうした終活業界に携わる人とつながりを作るところからはじめてもよいかもしれません。

※1　厚生労働省「地域包括ケアシステム」
https://www.mhlw.go.jp/stf/seisakunitsuite/bunya/hukushi_kaigo/kaigo_koureisha/chiiki-houkatsu/index.html

終章

自分らしい最期を迎えるために必要なこと

自分らしい最期を迎えるために必要なこと

1章でもお話ししましたが、私は、20代後半から母・祖母・祖父を立て続けに亡くしました。そして、それぞれの葬儀を宗教にとらわれない自由な形で行いました。

母とは闘病中に一生分といえるほどたくさんの会話をし、母の希望するように見送ることができたと思います。しかし、祖父母に関しては後悔だらけ。

実は、葬儀後に相続の問題に巻き込まれ、圧倒的に自分に「知識がない」ということを痛感することとなりました。祖父母の子どもである叔母たちが存命なのにもかかわらず、祖父母の遺言により、なぜか孫の中で一番年上だった私が筆頭相続人にされ、わけもわからずサインをしてしまったことで親族の争いの中に放り込まれてしまったのです。

祖父母は遺言書を残していました。

ちゃんと終活をしていたんですよね。

それにもかかわらず、家族間のコミュニケーションが不足していたことによって、遺された家族が揉めることとなってしまいました。

形としての遺言書は残っていたけれど、誰もその思いを聞かされていなかったからです。

そして、私に相続に関する知識がなかったことで、どうすればよいのかわからず、ただただトラブルに巻き込まれ疲弊することとなってしまいました。


今、私が終活セミナーをするときには、「自分の終活について、家族とよく話してください」と何度も伝えています。そして「ぜひ今日の晩ごはんの話題にしてください」と言うことが多いです。

多くの方が「子どもに迷惑をかけたくない」と口を揃えますが、そもそも子どもにとっての迷惑とは何なのでしょうか。

「ピンピンコロリが一番」という方も多いですが、ピンピンコロリの後に遺された家族は何をどうしたらよいのでしょう。

子ども側としても同じです。

親の介護や最期について、亡くなった後のお墓や遺産について話したことのある人は少ないのではないでしょうか。

普段からのコミュニケーション量を増やし、最期についても自然に話せるような関係を作るのが理想です。普段からのコミュニケーションがないのに、突然「お墓はどうする?」なんてストレートに聞いても親は本音を話さないでしょう。

また、現代は核家族化が進んでいて、親と離れたところに住む世帯が増えました。親元を離れて一人暮らしをする学生、社会人も多くいます。

ただ、たとえ直接会えなくても電話やＬＩＮＥで気軽に連絡ができる時代です。「元気にしている?」「最近体調どう?」など些細なことでも、気軽にコミュニケーションをとることができるかもしれません。

もちろん直接会いに行くことも選択肢の一つです。

「親の最期のことを確認しておこう」などと肩肘を張るのではなく、先ほどのように

「会って、困っていることとかないか聞こうかな」

「体調はどうか聞いてみようかな」

などとまずはコミュニケーションを取ることが大切です。

会って話す回数が増えていくことで老後のこと、死生観のこと、親亡き後のことを話し合うことができるようになるかもしれません。

自分の最期にはたくさんの選択肢がある

葬儀やお墓、遺言など人生の晩年にまつわるさまざまな知識や情報は学校では教えてくれません。テレビや本で終活などのテーマが特集されることもありますが、自分で調べたり行動したりしている人はまだ少数派なのかもしれません。

誰でも確実に年をとり、死を迎えるのに、それを自分ごととして考えられないのはなぜなのでしょうか。

なかには、自分のことなのに自分で考えることをせず、

「そういうことは息子に任せた」

「家族に聞いてくれ」

という方もいます。

せっかく自分らしい人生を生きてきても、最期は他人におまかせでよいのでしょうか。

私は、自分の最期に関することにはさまざまな選択肢があると知るのが最初の一歩だと思います。葬儀もお墓も、自分の思うように選ぶことができますし、私の母のようにお墓に入らずに散骨を選ぶこともできます。

葬儀は、本来遺族がホストとなって、生前お世話になった方におもてなしするものであり、私が母や祖父母を見送ったときのように、故人の想いを反映させたり、遺族の考えをもとに行うものでした。

1980年代には、自分の家で葬儀を行う「自宅葬」の割合が多く、遺族がさまざまな手配を行い、故人を見送っていました。檀家になっている家も多く、葬儀の際、自宅に僧侶を呼ぶことも多かったでしょう。

また、地域の人が集まって葬儀のお手伝いをするということもよくありました。

現代のように葬儀社による仕切りで行う葬儀は1990年代から増加しました。

自宅ではなく、病院で亡くなる人が増えたこと、マンションなどの集合住宅に住む人が増えたことも影響していると思います。

自宅葬の準備が大変であることや、地域との関わりが薄れていることも、葬儀社に一任するケースが増えていった一因であることは想像にかたくありません。

しかしだからといって、すべて葬儀社にお任せし、遺族は葬儀に参列するだけでよいのでしょうか。


もっといえば故人だってホストになることができます。

自分で遺影を用意したり、葬儀で流す動画を作っておいたり、会場を決めたり…。

家族葬が主流になっている現代（コロナ禍で増えました）ですが、お世話になった人にたくさん来てもらって盛大な葬儀を行うというのも、その人らしい一つの選択です。

きちんと家族に自分の意志を伝えられれば、できないことなどほとんどないのではないでしょうか。

遺族にとっても葬儀は必要な通過点

葬儀は「こうやって見送られたい」という自分の最期を実現するものであるとともに、遺された家族にとっても大切なものであると思います。

グリーフケアという言葉を聞いたことのある方はいらっしゃるでしょうか。「グリーフ」というのは英語で深い悲しみや悲嘆、苦悩を表します。いくら準備をしていたとしても、大切な家族が亡くなれば、誰しも悲しみに暮れ、この先どうすればよいのか戸惑うでしょう。

そんなときに、故人を思って一つひとつ葬儀を準備することが心を癒し、整理すること（グリーフケア）にもつながるのです。

私も母が亡くなってからは、母のことを思い出し、言葉にするだけで涙が止まりませんでした。

しかし、母の希望する葬儀をしたこと、亡くなって1年後に散骨をしたこと、何度か母にご縁のあった人をお招きして食事会をし、母の思い出を語り合ったことがグリーフケアとなり、少しずつ気持ちを整理することができました。

もちろん、葬儀を行ったからといって心がすっかり癒されるなどということはありません。でも、自分は「葬式も墓もいらない！」と思っても、家族にとってはそれが必要なものかもしれません。すぐには決められなくても、いろいろな目線で考えてみると、よりよい答えが見つかるのではないでしょうか。

私は散骨事業で遺族の方と接する中でグリーフケアに興味を持ち、10年ほど前から大学などで勉強してきました。それにより、悲しみというのは泣いたり、落ち込んだりするだけではなく、人によっては怒りの感情として現れる場合もあることを知りました。

母が亡くなったときに、祖父母がやたらと私たちに怒りを向けたことや、相続関係で親族が揉めたこともグリーフの反応の一つだと知っていれば、もう少し冷静に見られたり、寄り添ったりすることもできたのかなと思います。

めめんともりにも、時折、亡くなった方の思い出を涙ながらに語られる方がいらっしゃいます。

グリーフは時が経てば解決するものでもなく、頑張って乗り越えるものでもありません。だから、大切な人が亡くなって何年経っても涙が出てくるというのは当たり前のことですし、そんな自分を否定する必要もありません。

むしろ自分の中にあるグリーフを見ないように蓋をしてしまっている人の方が多いかもしれませんね。ですから、めめんともりのような場所で、自分の気持ちを打ち明けるのも一つのグリーフケアだと思います。

また、第3章で弔辞のワークをご紹介しましたが、亡くなった人から自分に向けてのメッセージを自分で綴ることによって、感情をアウトプットさせるのもおすすめします。

親の死と向き合い、自分の最期について考える時期に

私は今50代ですが、ちょうど同世代の中での話題に親の介護や、親の看取りがのぼるようになってきました。

これから親の死と向き合い、そして自分自身の最期について考え、子どもたちに伝えていくという大切な岐路に立っていると感じています。

私たちが人生を楽しみ、元気に年を重ねて、自分らしい最期を選択していくことが、次の世代へのバトンになるのではないでしょうか。

私は終活に大切なのは「知識」「コミュニケーション」「死生観」の3つだと考えています。相続や葬儀、お墓など人生の最期にまつわる知識、そして家族に自分の意志をきちんと伝えられるコミュニケーション、自分がどう人生をまっとうし、どのように人生に幕を降ろしたいのかという死生観。

この3つが揃ってこそ、自分らしい最期を迎えられると思うのです。

そして、その中心にあるのは、「自分がどうありたいか」ということに他なりません。

ただやみくもに知識だけを身につけても、自分の芯がなければ、さまざまな意見に振り回されてしまいますし、コミュニケーションも、家族のことを大切に思う気持ちが伴っていなければ、空虚なものになってしまうでしょう。

「死生観」はそのときの状況によって変わってくることもあるかもしれません。

この本でもたくさんの方の死生観を紹介しましたが、共感できるものもあれば、そうではないものもあるのは当然です。

けれど、自分が望む人生のゴールを考えるほど1日1日を大事に生きようと思えてくるものです。

私はこういう仕事をしているので、完璧に終活をしていると思われるかもしれませんが、まだすべてを用意できているわけではありません。

ただ、「やりたいことを後回しせずにやる」ということだけは心がけているつもりです。「いつ死んでも後悔はない」とまでは言えませんが、いつか「後悔なく生きられた」といえる最期が迎えられたら幸せだなと思っています。

Column

これだけは知っておこう！終活のキーワード

さて、終活って具体的に何をすればよいのでしょうか？

私自身、まだ終わりへの備えが完全にできているわけではありませんが、ここでは終活の活動として取り組むためのキーワードをいくつかお伝えします。

少なくとも、この先認知症になって自分の意思を伝えられなくなる前に、最低限、やっておこうと思っている事項です。

1. エンディングノート

終活といえばエンディングノート。エンディングノートといえば終活。

エンディングノートの起源は、1991年に名古屋のギフト会社、株式会社セキセー（現在は株式会社シャディ）の創業者である石原正次さんが「マイ・エンディング 私の準備ノート」を葬儀社に消費者への販売ツールとして提供し始めたのがルーツといわれています。ちなみに石原さんは、かなり早い段階で海洋葬や宇宙葬にも取り組み、葬儀業界に革新をもたらした人物です。そこから10年、東日本大震災が起こった2011年に公開された「エンディングノート」というドキュメンタリー映画が話題になり、終活とエンディングノートはセットで広まっていきました。

今では、書店に行けばエンディングノートのコーナーがあるほど、多種多様なノートが世に出回っています。エンディングノートに記録したことは法律的な効力はありませんが、自分の希望や考えを整理し、周囲に伝えるための手段として重要です。

もしもの時に、家族やキーパーソンが、パッと手にとって情報が一元管理できるような備忘録として書いておきたいものです。どのエンディングノートを選べばよいのか？

それは人によって何を重視するかによって変わってきますが、個人的には100円ショップで売っているような簡易的なものはハードルが低くて取り組みやすいかと思っています。

2. デジタル遺産

私が今、終活で一番気になっているのが、この「デジタル遺産」です。自分のパソコンやスマートフォンに保存されているデータもそうですし、インターネットが普及した現代では、SNSアカウントやオンラインバンク、暗号資産、クラウドに保存したデータなど、ありとあらゆるものがデジタル遺産となります。これらを放置すると、家族がアクセスできなかったり、問題が生じたりすることがあります。特に、暗号資産の口座に入っている仮想通貨や、ＱＲコード決済アカウントや交通系ＩＤにチャージしている電子マネーは相続財産の対象になりますし、サブスクリプションサービスのアカウントが解約できずに、本人が亡くなってからも課金され続けるといったことも聞きます。

まず、利用中のサービス内容は定期的に見直し、アカウントのログイン情報やデータの管理方法をエンディングノートや専門ツールに記録しておきましょう。最近は、自分の死後のデジタル遺産の処理を頼めるサービスもあります。誰にも知られたくないデータの処理をそのような有料サービスに依頼することを検討してもよいかもしれません。

3. 遺言書

遺言書に関しては、先のコラムで詳しく述べましたが、やはり用意しておきたいものです。特に、財産目録を作って、自分の持っている資産（プラスもマイナスも含め）を一度棚卸ししておきたいです。私は昨年、その前段階として、使用していない休眠口座を複数解約しました。自分の死後、相続人となる人たちの負担をできるだけ最小限にできればと思います。

4. 生前整理

生前整理とは、生きているうちに自分の持ち物や財産を整理することです。デジタル遺産や休眠口座の整理も該当しますが、やはり、モノの整理を今から積極的に進めていきたいものです。終活を意識しながら、定期的な断捨離をお勧めします。

「パンツ1枚残さず逝きたい」という言葉をめめんともりの壁に貼った人がいましたが、究極的には、それくらいまで持ち物を減らして身軽になれたら理想です。集めたコレクションや思い出の品はどうしたらよいか、考えて周りに伝えておきましょう。大切な写真はデジタルにするサービスがありますし、遺品整理の事業者は生前整理のお手伝いもしてくれます。

5. 終末医療（アドバンス・ケア・プランニング）

終末医療における選択肢や希望を明確にしておくことも終活の一環です。これをアドバンス・ケア・プランニング（ＡＣＰ）と呼びます。ＡＣＰは、患者自身が事前に家族や医療関係者と話し合い、どのような医療・ケアを受けたいか、延命治療を望むかどうかなどを決めておくプロセスです。行きすぎた延命治療への反省から、１９９０年代のアメリカで始まった取り組みですが、日本では２０１８年に厚生労働省がＡＣＰの

愛称を「人生会議」と決めて、積極的に啓蒙活動を行っています。[※1]

母が余命宣告を受けた時、私たち家族は病状を本人に伝えませんでした。もしその時にＡＣＰの概念があれば、もっと本人と残された時間をどう過ごしたいか話し合うことができたのではないかと思います。

※1　厚生労働省「人生会議」してみませんか　https://www.mhlw.go.jp/stf/newpage_02783.html

おわりに

2025年2月。

東京・森下の「めめんともり」開店から1年後となる日に、2号店となる沖縄店をオープンさせることになりました。

沖縄は、母を散骨し、その後20年に渡って何度も訪れている、私にとって思い出の地。母が眠り、第二の故郷のように感じるこの場所に「めめんともり」ができることに、大きな喜びを感じています。


沖縄には、古来から独特の葬送文化があります。

「祖先がいるからこそ、私たちがいる」という考えが今も強く残り、シーミー（清明祭）やジュールクニチー（十六日祭）など、お墓の前であの世の人たちと宴会をするような風習もあります。


日常の生活の中に当たり前のように祖先の存在があり、おじい、おばあが尊敬されているのも沖縄の素晴らしい文化といえるでしょう。

めめんともり沖縄店は、東京のお店と同じように皆がオープンに死について語り合えることに加えて、このような沖縄の葬送文化に触れ、新しい形の終活を提案できるような場所にしたいと考えています。

そして、沖縄店も「カラオケないけどカンオケあります」がキャッチコピーです。GRAVE TOKYOのデザイナー布施美佳子（みけら）さんによる沖縄店オリジナルデザインの棺を展示し、定期的に入棺体験やワークショップも行う予定です。

皆さんは「ニライカナイ」という言葉をご存知でしょうか。

これは、沖縄で古くから信じられている理想郷のようなもので、東の海のはるか彼方、水平線の向こうや海底深くにあるとされています。

ニライカナイは豊穣や幸福がもたらされる場所であり、「生と死が循環する場所」。生者の魂がそこからやって来て、死ぬとそこに帰るともいわれています。すべてのものは海の向こうからやってきて、そこに還っていく。

そう考えると、死というものが怖いものではなく、人生における自然な流れの一つのようにも思えてくるのではないでしょうか。

この本では、さまざまな「死」にまつわる考え方を紹介してきました。

誰にでも等しく訪れる死のことをすすんで知ろうと思う方はまだ少ないように感じています。

しかし、めめんともりに来店されたことをきっかけに、家族とたくさん話をして、自分の最期について考えるようになったとおっしゃる方もいます。

この本が、自分はどう最期を迎えたいのか、そしてその日までどう生きたいのかを考える一助になれば幸いです。

東京のめめんともり、沖縄のめめんともりにもぜひお越しください。

２０２５年１月　沖縄県立図書館にて　村田ますみ

著者

村田 ますみ（むらた・ますみ）

1973年東京生まれ。
同志社大学法学部政治学科卒業。
終活スナックめめんともり ママ
YOMI International株式会社 代表取締役CEO
株式会社ハウスボートクラブ 取締役会長
株式会社鎌倉新書 終活アンバサダー
日本葬送文化学会 副会長

上智大学グリーフケア研究所に4年在籍。
グリーフサポート研究所認定グリーフサポートバディ・フューネラルセレブラント

IT業界、生花流通業界を経たのち、亡き母を散骨したことをきっかけに2007年株式会社ハウスボートクラブを起業。

2011年 一般社団法人日本海洋散骨協会設立。理事長に就任。
2015年 国内初の終活コミュニティカフェ「Blue Ocean Cafe」をオープン。
2023年 株式会社鎌倉新書 終活アンバサダーに就任。
そして2024年2月、死についてオープンに語り合えるサードプレイス「終活スナックめめんともり」を、東京都江東区森下にオープン。

■めめんともり公式ホームページ
https://mementomori-jp.com/

ちょっと死について考えてみたら怖くなかった

2025年2月27日　初版第1刷発行

著　者	村田ますみ
発行者	菊池奈起
発行所	株式会社ブックダム 〒171-0022　東京都豊島区南池袋1-16-15 ダイヤゲート池袋5階 電話　03-5657-6744（代表） https://bookdam.co.jp/
発売元	日販アイ・ピー・エス株式会社 〒113-0034 東京都文京区湯島1-3-4 TEL：03-5802-1859　FAX：03-5802-1891
編集担当	三田智朗
広報	大谷理恵
マーケティング	近藤午郎
ブック&本文デザイン	上坊菜々子
イラスト	凸凹
DTP	VPデザイン室
編集協力	宇野真梨子
印刷・製本	ベクトル印刷株式会社

ISBN978-4-911160-03-9